U0535862

关乎天下 2

策略与领袖力的要诀

关明生 著

中信出版集团 | 北京

图书在版编目（CIP）数据

关乎天下.2，策略与领袖力的要诀/关明生著.--北京：中信出版社，2023.7（2023.8重印）
ISBN 978-7-5217-5727-9

Ⅰ.①关… Ⅱ.①关… Ⅲ.①中小企业－企业管理－研究－中国 Ⅳ.① F279.243

中国国家版本馆 CIP 数据核字（2023）第 086892 号

关乎天下 2——策略与领袖力的要诀
著者： 关明生
出版发行：中信出版集团股份有限公司
（北京市朝阳区东三环北路 27 号嘉铭中心　邮编　100020）
承印者： 宝蕾元仁浩（天津）印刷有限公司

开本：880mm×1230mm 1/32　印张：7　字数：110 千字
版次：2023 年 7 月第 1 版　印次：2023 年 8 月第 3 次印刷
书号：ISBN 978-7-5217-5727-9
定价：48.00 元

版权所有·侵权必究
如有印刷、装订问题，本公司负责调换。
服务热线：400-600-8099
投稿邮箱：author@citicpub.com

无忘初心

目录

序 3

阅读建议 / 秦俐 7

壹·策略与领袖力

（一）中小企业的通病：老板很累！ 003

（二）明策略，疗愈"心累"017

（三）从躬身亲为到千军万马：卓越领袖力

纾解"身累"039

贰·策略与领袖力之集成表现
——销售管理七要

（四）如何做销售管理之选拔、培训 051

（五）如何做销售管理之教带、业绩管理 061

（六）关于销售策略 086

（七）关于激励 095

（八）浅谈奖惩 105

叁·卓越领袖力的养成
——重视企业文化与人才梯队

（九）企业文化建设是基业长青的土壤 119

（十）人才梯队建设是基业长青的手段 129

结语："不要累"是老板们的长期修炼 135

附录

（一）我和阿里巴巴的故事 139

（二）无忘初心 155

（三）不要浪费一场危机 167

序

我在阿里巴巴工作时，接触最多的人，除却各位一起打拼的同学，就是众多中小企老板。他们大多白手起家，夫妻档全力打拼，艰苦经营中小型工厂，大量生产诸多类型产品供应全球，并为中国成为世界工厂做出了贡献。

当时，阿里巴巴每月都在杭州总部组织客户培训活动，讨论管理有关问题，马云和我都经常参加这些讨论。为了让这些讨论更有效，我们亦访问过不少中小企老板，并将这些现实管理问题写成案例，让大家讨论，有时直到夜深，也未言休。通过好几年此类活动，我亦对不少中小企老板加深了认识。因为资源缺乏，老板们基本上凡事都身先士卒、亲力亲为，每天工作时间很长，凡产品设计、采购、生产、销售、跟单、财务及人事等公司重要范畴的事务，都要一一主持，不眠不休，以期公司业务蒸蒸日上，让公司有更美好的将来。随着高科技如互联网技术的发展，及中国世界工厂地位的提升，不少中小企的加工工厂生意欣欣向荣，员工亦倍增，但老板好像依然没有任何喘息的机会，"人多好办事"这句话好像没有应验在发展还不错的中小企身上，老板好像比以前更忙了，周而复始、未完未了！

因为如此，各位中小企老板给我留下了很深刻的印象："老板很累！"当初在这方面，我是知其然而不知其所以然的。2005年初我从前线退下来的时候，有机会把我在阿里巴巴多年的故事写成了一本名为《关乎天下》的小册子，引证了阿里巴巴发展的案例和一些管理上的理论。那时的阿里巴巴只有几千名员工，可以说是一个中小企，拙作《关乎天下》亦因此而得到部分中小企老板的错爱及认同，实在感激于心。

退下前线后我亦不时应邀到各地和中小企老板交流他们关心的管理问题。有位深圳的老板很捧场，在不同的城市两次参加讲座。我忍不住问他："我在深圳讲的和在这里讲的都差不多，为何要重复多听一次？"这位老板答得很妙，他说："关先生，你讲的内容虽然差不多，但我每次听的感受都不一样！"有些老板更直接地问："那您什么时候也专门给我们中小企老板写一本书？"

2022年，承蒙中信出版集团不弃，为拙作《关乎天下》正式再版，我亦趁着这东风，了结多年为各位老板专门写一本管理书的夙愿，写成了《关乎天下2：策略与领袖力的要诀》一书，希望各位老板在策略和领袖力上有所收获，从根本上解决"老板很累"的问题。

基于我近年来接触的一些中小企和阿里巴巴早期发展案例，这本书侧重于讲策略、领袖力等实战要点，也有具体讲如何建立和管理销售团队、如何做年度规划及绩效考核等管理核心问题的运作。目的就是帮助各位老板走出"老板很累"的困境。请各位老板赐教、指正。

Savio 关明生

2023 年 6 月

阅读建议

秦俐

淘课集团 CEO

在过去的 2022 年乃至近三年，大家都经历了一段不同寻常的时光，尤其是自己做老板的朋友，回顾这三年，可谓五味杂陈，百感交集。陀思妥耶夫斯基说："我只担心一件事，我怕我配不上自己所受的苦难。"虽然说我们经历的这些时光，说"苦难"有点言重了，但是，说"累"肯定是名副其实。那么，我们承受过的，可能还会继续承受的这份"累"，会不会成为培育我们的土壤，从里面开出美丽的花朵？

关先生的《关乎天下》之一，是讲"中小企业赢的秘诀"，非常系统和理性；而大家即将读到的《关乎天下》之二，就是在讲这份"累"的。

这是一本感性又朴实、充满了大道至简智慧的老板修炼秘籍。

作为一个企业的创始人，我在读这本书的时候，首先觉得感动和感慨：很少有经管类的书会通篇关照读者非常感性的感受——累。这份感同身受的体谅，和着生动的故事和深入解读，让我在阅读的时候很有代入感。同时，作为关先生的学生和老部下，也作为一个热爱学习的重度阅读者，我非常佩服这种"直指痛处—类比解读—剖析原因—引发思考—简约建议"的内容呈现方式，而且非常享受阅读的过程：没有长篇大论，听智慧长者娓娓道来，在启发，而不是说教！

以下这些阅读建议，一方面是我对阅读方法的建议，更重要的，是我的阅读心得分享，供大家开卷参考。

读这本书可以分两步：第一步，通读全书，享受故事，代入自己,记下问题;第二步,围绕问题,展开精读。

全书详细展开了三个故事,展现了三家企业在销售管理和领袖力方面的变革:一个 MP3 音乐播放器生产企业实现产品转型的故事,一个真空泵企业打破美方渠道垄断实现破局的故事,还有阿里铁军从诞生到成为传奇的故事。因为享受这些故事,你会在酣畅的阅读中有所触动,你会在脑子里不由得把自己代入,开始去想:对啊,我也面临这样的困局……如果我是他,我会怎么办?这是一个非常好的触发。这个时候,我建议你随手记下自己的问题和思考,而不是让它成为一个稍纵即逝的念头。这个过程会非常有助于你反躬自省,反求诸己。人主动反省自己,其实是不容易的,但有了参照物,有了镜子,就容易得多。无论是对比还是类比,都有助于你发现自己。

通读的时候,你很容易把握这本书的脉络:老板很累,主要是两种累——心累和身累。

- 心累就是策略不明,只是忙着"做",瞎打乱打或者一直在做低水平的重复性工作,而不是想清楚"如何赢"。如何解决问题？就是要确立价值主张，找到"赢"的策略。

- 身累就是自己做，不会通过别人拿结果。或者只付钱给员工的手脚，却完全忽视了员工的头脑。如何破局？阿里铁军的建设和成长路径，就是一个可以学习的榜样。销售管理的七要，不仅仅可以帮你抓销售业绩，更能帮你"带领团队达成目标""通过别人拿结果"。

了解整本书的脉络和结构，记录了自己的问题以后，再展开每章的精读。

"如何解决心累，如何明策略"，是第一章和第二章的内容。关先生用了两个咨询客户的案例，生动地阐述了"明策略"的模型。

一个 MP3 厂商辛苦多年，却没有任何议价权，被迫进入"割喉式"价格竞争。议价权的获取，来自终于走出国门参加展会，近距离了解了终端目标客户的需求。于是，产品外观的改变，成了掌握议价权的突破。

这个例子中，令我印象深刻的不是最终的结果，而是这个过程中，关先生鼓励老板走出国门了解客户时老板的窘态——从未出过国，甚至没有护照。从表面上看，是一些见识和客观条件局限了这家企业的发展。但本质上，是老板没有发现关键的问题，这才是真正的一叶障目。而关先生的启发，是帮我们拿掉这片叶子：

- 我对现状满意吗？我是在"做"，还是在"赢"？
- 如果很累，也没赢多少，那我到底图什么？
- 我在为谁服务？我真的了解目标客户吗？

凡事都有两次创造的过程，一次是头脑中的创造，一次是实践中的创造。以上这些问题，一旦经由老板们自己诚实地回答，就更容易启动实践中的创造性。老板们能创业或者担经营，大概率都是勤勉之人，怎么努力去做、去实践，完全不是问题。很多时候，我们的困境恰恰就是头脑中的一片混沌，不能提出正确的问题。只有我们能在上述"灵魂拷问"中得到一个

"我要赢，而不是沉溺于做"的结论，关于如何明策略这个模型的认知（见图 0-1），才能真正发挥威力。

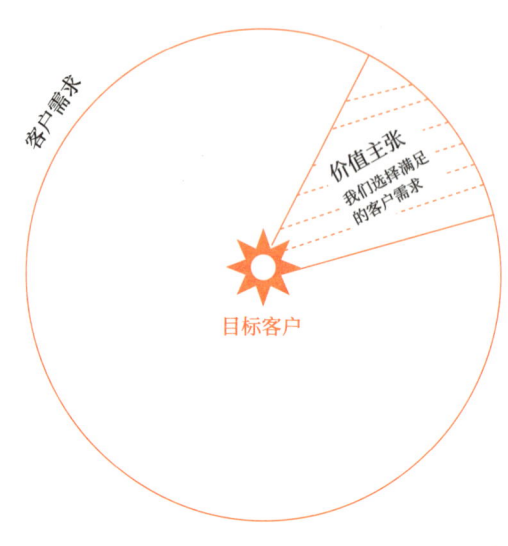

图 0-1 明策略模型示例

在图 0-1 中，目标客户是圆心。当我们回答了"我在为谁服务"这个问题后，相当于锁定了一个焦点。接下来要做的就是围绕圆心，认真贴近客户，洞察客户的需求，尽量做到详尽、全面，犹如画一个圆。

我们要问的是：

- 我们的客户是谁？有什么样貌或者行为特征？
- 我们真的理解他们的行为动因和心理诉求吗？他们需要什么？有什么喜好、难点、痛点？如果"抢着要"，是为什么？如果嫌弃，又是为什么？
- 我们得到上述答案，是真的观察过、打过交道，还是道听途说、大而化之，甚或是自己想当然？

在 MP3 企业的例子中，很显然，该老板一直在按批量采购者的要求忙着"做"，从未想过卖到哪儿，是谁在用他的产品，这些目标客户在他脑海里就是一团雾。他的脑海中只有价格、成本、利润。而走出国门参加行业展会后，总算是直面了他的"圆心"，再转个周全去了解，答案就在某段优美的圆弧里。

然后，客户有那么多的需求，是不是意味着"海量需求海量满足"？是不是意味着我们要不断地迎合和跟风？"价值主张"的确立，其实就是在这个圆中截一部分扇面。它要回答的问题是：

- 在如此多的需求和机会里，到底什么是我们能做且能做好的？
- 我们选择的这些价值点和机会，是否有独特性，是否可以避开和强大对手的正面竞争？我们和谁相比？我们对友商或对手的了解又有多少？这个可能的优势，有多高的门槛？我们对能争取的时间窗有多少把握？
- 如果我们要用简明清晰的一句话来表达这种竞争优势，它是什么？客户能不能瞬间明白，瞬间被打动？

以上这些问题的答案，落到最后，就是"价值主张"。所谓"主张"，就是在那么多需求，那么多价值满足里，我们主动的选择是什么，我们主张给目标客户提供什么价值。

这家 MP3 企业老板面对诸多改变的可能性，最终选择了外形的多样和颜色的多选，让热爱时尚的年轻人在诸多类似电子产品中一下子被吸引。而这个改变，让他很快摆脱了割喉式的价格竞争，拥有了大厂房，拥有了条件齐备的员工宿舍，更重要的是，拥有了"赢"的经历和正确的思维方式。

在真空泵生产企业这个例子中，我们可以看到，这个公司已经有很好的产品，也有不错的渠道，但是在美国市场的议价权却一直被产品的排他供货条约制约。如何去破局？最终还是因为他们时刻关注目标客户的需求，关注了这个产品的使用场景和环境上相关政策的出台，才得以快速反应，率先设计了一款既符合政策，又能解决终端用户问题的新产品，成功突破了老产品的渠道排他性供货约定。

我们会发现，所有的破局，都离不开对目标客户需求的敏感觉察，无论是敏感于他们的行为还是敏感于他们周遭的环境，企业需要紧贴目标客户。于各位老板而言，无论你现在在什么阶段，都要贴近客户。如果你处于初创阶段，毫无疑问要贴近客户才有生意；而如果你正处在快速成长阶段，更要把这种时刻关注目标客户的意识和敏感度，传递给整个公司——这些是非常重要且贴近本质的。

所谓知己知彼，百战不殆。在图 0-1 的模型中，找到圆心就是找到目标客户，画出那个漂亮的圆圈的过程就是"知彼"的过程，截一个自己擅长的扇面的过程就是"知己"的过程。

看起来非常简单的过程，要真正做到是有难度的。老板们的"心累"，或是因为出于"做"的惯性，还没找到"赢"的出路；或是因为诱惑太多，价值主张不断漂移。归根结底，都要问这个最虐心，却也最必要的问题——你有没有在"赢"？

小结一下，图0-1的明策略模型告诉我们，所谓策略三步走，是先确立圆心，再了解圆的半径和面积，然后切出一部分扇面认真耕耘。这三个步骤，一个都不能少，顺序也不能颠倒：明确目标客户，了解目标客户，确立价值主张。

"身累"，相信是所有创业者的切身体验。就算事业初创成功，相关模式也要去复制或延续，老板们几乎是凭着一己之力推动整个公司往前走，商业上的成功也难掩创业者的疲累。所谓独行速，众行远，经历一段时间的快速增长以后，老板们可能越来越会意识到：如果不能够通过别人拿结果，自己无论如何都是掌控不了整个局面的，或者说，不是员工给你打工，而是你在给员工打工。

"通过别人拿结果"首先是一种意识。可能是经历难处之后的觉醒和顿悟，像关先生说的"打通任督二脉"；也可能是拼尽了精力和体能以后必须摆脱的困境。同时我们要明白，这个过程其实是一个不断精进迭代的长期过程。

放在90后担当职场中坚、00后开始走入职场、三年疫情又让工作模式发生了很大变化的当下，老板们面临着非常现实的困境，甚至会觉得"我们不了解现在的年轻人了"，"通过他们拿结果"比"自己干"麻烦了很多很多。但实际上，面对这样的困境也是一定会有办法的。因为，千变万变，人性不变，哪个年代的年轻人都一样，所谓90后、00后的毛病，我们年轻的时候也有。这既然是一个长期建设的过程，如何通过别人拿结果，就必须要有套路和章法。

所幸，在领袖力建设这部分，关先生非常详尽地分享了阿里销售铁军建设的过程。这部分也是一个"通过别人拿结果"，解决创业者"身累"的完美案例。

在《关乎天下：中小企业赢的秘诀》发行的时候，不少书迷都对销售管理部分很期待。我想《关乎天下2》的第二部分，能够很好地满足这份期待。这个部分对阿里销售铁军打造过程的细节讲得非常清楚，其中的操作方法、要点，甚至是一些模型都可以直接拿来用，可谓提供了一个"可以直接抄作业"的范本。大家对这部分可以反复研读，也可以和自己的良师益友、团队骨干共读、分享和讨论。

为了帮助大家更好地阅读，我尝试给第二部分所述的"销售管理七要"画了一个关系图谱（见图0-2）。

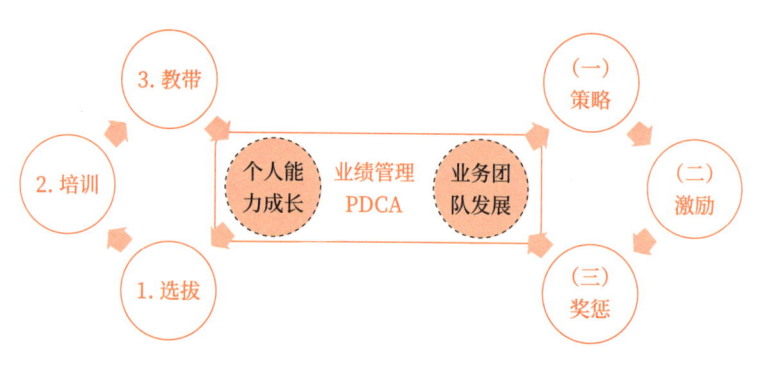

图0-2 "销售管理七要"关系图谱

"销售管理七要"由一个核心、两个环组成，即以业绩管理为核心（中间），一手抓销售员的能力成长（左边环），一手抓业务团队的建设和发展（右边环），用脚踏实地的系统行为，浇筑以时间和耐心，最终卸掉"身累"。以下分别阐述。

一个核心就是业绩管理。业绩管理是一个不断精进的过程，需要计划（Plan）、执行（Do）、检查（Check）、分析/调整（Analysis/Adjust）。其中的 Check 和 Adjust 在阿里又叫"扒皮会"——在主管带领和拷问下的反求诸己，不断复盘和对标，既是组织成长的方式，又是个人刻骨铭心的习惯。

左边的循环是个人专业能力成长的抓手。按照"选拔—培训—教带—业绩管理"的顺序，大家不难看出，这是 HR（人力资源）典型的"招育用留"套路。但关先生一直在强调，这不仅仅是 HR 的事，也是业务主管的事、老板的事。老板如果对此循环不关注、不投入，良将和高手就都成了别人家的员工。蜀中无大将，怎会不累？

现在很多企业都想拥抱数字化大潮，让工作数字化、智能化。但数智化的准备度要建立在老板对这两个抓手的正确理念之上，否则根本就不奏效，更谈不上坚持。比如说，选拔要有清晰的岗位人才标准，而不是凭着感觉，只这一条可能就直击现在很多老板的痛。不少老板对岗位的界定非常笼统，让HR无所适从，招人多少都有撞大运的成分。而且，人不是进来就能用的，需要对其进行专业知识培训和一些在岗的教带，但是"教"也需要结构化、精确化，而不能指望耳濡目染、野蛮生长，更不能指望所谓的灵气和悟性。在阿里铁军成长的过程中，我们可以看到这些都是非常有章法的，无论是业务主管亲自参与招聘和带队培训，还是在"教带"的过程中，有明确的"我做你看—我说你听—你做我看—你说我听"的转换飞轮。包括安抚情绪的"抚平"，分享经验的"拔尖"，都有套路可循。结构化、流程化是数字化的前提，数字化是解决"累"的有力手段，但结构化、流程化的前提是老板们真的要思考到底什么是适当的，一定要承担起洞察和描述的责任。

右边的循环是团队建设和发展的抓手，一个小的团队也是一个小的企业。按照顺序，策略先行，找准恰当的战场，"上兵伐谋"。然后是抓团队精神气质的建设，激励士气，这涉及精神层面。如何给出真金白银的奖惩，这涉及物质层面。

这个关系图谱的三个方面，关先生都给出了非常翔实的故事，还解读了背后的原理，比如奖惩制度在心理认同上，用加法比用减法更好。我们建议大家仔细揣摩，甚至可以直接模仿。大家读的时候，如果发现有一些细节你还渴望了解，不妨记下来，然后和自己的企业家朋友或者要好的同事共同商量，当然，也可以参加《关乎天下》书友会。每个企业都有不同的做法，但分享是最好的学习，我们多互动分享，多教学相长。

两个循环都要围绕业绩目标不断 PDCA，每月、每周乃至每天。这是一个非常精妙的两环相扣，共同贡献于业绩目标的达成。

本书的最后，关先生分享了一些基业长青的秘籍，主要涉及两个方面，一个是企业文化建设，另一个是人才梯队建设。

- 关于如何建设企业文化，阿里的例子直接提供了流程和原则，关先生反复强调了企业文化是游戏规则，而不是道德评判，所以应当有行为规范的约束。有了这样的指导，我们就可以把"文化"变得可操作、可量化、可考核，经过长期的渲染和重复以后才能蔚然成风。

- 而关于人才梯队的建设，关先生更多的是强调一个理念——培养自己的正规军非常重要，这是解决"累"的必经之路。

读过《关乎天下：中小企业赢的秘诀》的朋友，对图 0-3 的企业管理体系应有印象。

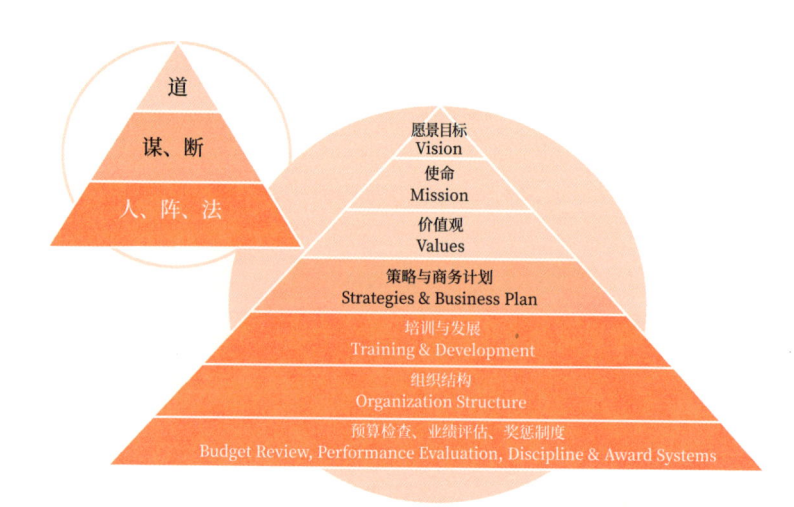

图 0-3　企业管理体系示意

《关乎天下 2》则用明白生动的例子和更简洁、更具实操性的方法，展开阐述老板如何管好企业。

- 解决心累，主要指的是要有"谋和断"；
- 解决身累，就要管首——"道"/企业文化建设，管脚——"人阵法"/人才梯队培养。

以上就是我分享的一些精读方法和读书心得。

我想每一位老板都是心中有梦的人，我们在追梦的时候会仰望星空，而我们在创造的时候也必须脚踏实地。在这样一个变幻莫测的时代，感到"累"是非常正常的，它承载了我们很多历史的问题，也承载了我们不少对明天的期待。

我非常喜欢电影《功夫熊猫》中乌龟大师和熊猫阿宝的一段精彩对话。当阿宝不知何去何从正在动摇的时候，乌龟大师说："Yesterday is history. Tomorrow is a mystery. But today is a gift. That is why it is called the present."[1] 在英文里，

---

[1] 大意为：昨天已经过去，明天还未可知，只有今天才是天赐的礼物。——编者注

present 既有"当下"的意思,又有"礼物"的意思,这真是特别有诗意也很有深意的巧合——当下,我们可以认真地去品味这份"累",拷问自己:有哪些犯过的错误,以后不要再犯;又有哪些成功的经验,以后应该去重现。唯有如此,我们才能让这所有的"累"变成上天一份厚重的礼物,助力我们未来事业的发展。

与大家共勉!

壹

策略与领袖力

（一）中小企业的通病：老板很累！

经过多年的接触及观察，我发觉中小企老板们很累的原因，往往基于两大因素：心累和身累。

"心累"是因为看不清前景，不知何去何从，是策略性的问题，影响公司的生死存亡；"身累"是有关生意模式的效率问题，需要去问这模式是否能善用老板有限的时间。而这两者毫无疑问是互相制约，相辅相成的。

在阿里巴巴工作多年，我接触过很多中小企老板。当年我和马云建立阿里学院，他更戏言这是我们为"土老板"办的商学院！当时在杭州每月都有两天的课程，另外在其他城市亦有每月一天的管理分享会，参加的中小企老板相当踊跃。为了进一步了解中小企，增强课程的效果，我亦实地拜访过不少中小企老板，参观他们的公司及工厂，收集他们的案例。

在这些访问和接触的过程中，我亲身感受到各位中小企老板的勤奋、投入和拼搏精神，凡事都亲力亲为，每天辛勤工作十多个小时是非常正常的情况。

每位中小企老板日常要操心的事都很多：没有订单的时候，要全力去追单；拿到订单后，要准备生产物料及加工设计；在进行生产时，要追踪大大小小的过程；要做质控，要不时面对突发事件；要保证赶上船期，准时交货；交付之后，更重要的工作是追踪货运及收款；等到资金回笼，稍松一口气，又要再出击另外一张订单！如此周而复始，一年到头都不停奔忙，打拼再打拼。

我曾经问过一位在义乌生产零部件的老板他每年有没有假期。他停下来想了一下，才对我说："关先生，我们年初一不上班！"他的手下后来偷偷告诉我，工厂年三十早放半天，但老板是关上厂房门最后离开的人！

我和众多中小企老板接触和交流多年最深刻的印象就是：老板很累！（见图1-1）

图1-1 老板很累的各种原因及表征[1]

---

[1] 本书中的图皆来自文明管理咨询（上海）有限公司（A&K），之后类同。

为了解其中的原因，探寻可能的改善方法，我开始研究这个主题，发现了一些共通点。我称它们为"老板很累的误区"。

1.1 误区之一：员工帮不上忙，只好自己做

一位非常聪明能干的年轻老板，从摆地摊售卖电子零件起家，经过不到几年的奋斗，已经发展到自己设厂生产电子零部件，满足当年国内发展非常迅速的各行业生产需求。当年我和阿里同学们去访问这位老板并写他的案例时，他的工厂已颇具规模，有四百多名员工并提供零部件从设计、生产、供货一直到零售的一条龙服务，生意兴旺，实在为他高兴。

在两个多小时的交谈过程当中，我们不断被员工敲门打断，因为有很多重要问题只有老板才能解答。这些问题范围非常广，从产品设计到生产材料的选择、加工程序、销售定价、订单送货等等，基本上都要老板决定，因为员工都搞不定，不好做主。

我们当时了解到，公司的发展历程里，一直主要由老板牵头

研发产品，老板对产品开发、原材料、加工、生产设计工序等都具有深入专业的认识，他成为公司在这方面唯一的专家，亦不知不觉地成为公司规模化最大的瓶颈。

1.2　误区之二：老板天天忙得身不由己，没多余时间思考

另外一位老板，在深圳做 MP3 起家，认识他当年，他已有二三百名工人，在颇为挤迫的工厂大厦租用两层作为办公及生产基地，员工宿舍就是在附近租用的比较破旧的民宿。我们拜访时刚好是中午饭时间，员工都挤到露天的停车场去等派盒饭，就站在那里匆匆地三扒两拨地吃，要是下雨就会非常狼狈。

老板和他太太是搭档，老板娘负责销售、追单及跟单收款等工作，老板主理产品设计、原材料及其他生产事宜，他们是典型的夫妻档。他们的日常工作非常忙碌，每天十多个小时，每星期七天地不停工作；老板娘还要抽空照顾他们在上学的小朋友，实在忙得要命，身不由己地过着机械人般的生活。还记得当年 MP3 的市场竞争非常激烈，就在他们区内便有四百多家大大小小的生产商；这里是买家的天堂，因为众多生产商形成

了割喉式的生态环境，利润微薄。老板娘告诉我每台 MP3 能拿到一美元的利润就已经不错了。基本上每台 MP3 都没有太大区别，因为每个生产商都租用差不多相同的工模去生产外壳，进口同样的电子元件和其他零部件，可以变化的就只剩下外观颜色而已！

因为都在做 OEM（Original Equipment Manufacturer，原始设备制造商，也称定点生产、代工生产），又没有议价能力，他两夫妇就只接触到买家或他们的代理，对渠道和品牌商基本上一无所知，更不要说了解最终用户了！随着买家对议价的步步紧逼、进口电子元件和其他零部件的价格变动和汇率的不稳定，他们两人开始面对越来越大的订单和利润风险。

1.3　误区之三：公司的问题就请个职业经理人去搞定吧！

有一位资深的老板花了十多年时间创造了一个颇具规模的手袋加工厂，主要接欧美中端品牌的 OEM 生意，年销售额超过一亿元人民币，有近两千名员工。老板是一位有眼光、有长远抱负的人，他的梦想是在手袋加工的行业里创造一个中国人自己拥有的世界名牌。他也是一个非常时尚的人，他憧憬有朝一日看到中国人的时尚和世界潮流同步！老板贵人事忙，手袋工厂只是他旗下众多生意中的一个单位。为了实现他对高端自创品牌的愿望，老板从国外引进了一位资深高端包的生产专家，担任自己手袋加工厂的总经理，并给他全权去改造工厂，提升现有水平，期待向国际高端手袋生产商看齐。

很可惜的是，十八个月后老板得到的是事与愿违的结果。在大力支持这位空降外国专家上，老板不惜工本、不遗余力。除了高薪厚职、大胆放权之外，其他如安排外来及本地助理，翻译及照顾专家日常生活所需等等都一一做足。但是，工厂生产的质量不进反退，客户投诉亦增加了，一直盈利的生意亦开始有下滑的迹象，实在令人意外，令人惋惜！要是如此资深且有实力的老板尚且碰到这些困难，其他的中小企老板如何是好呢？难道大家就只好接受一般OEM生产商的宿命吗？

1.4 误区之四：老板为公司，员工只为自己

深圳MP3企业的老板和老板娘好不容易才拿到一单大一点的

生意，又十分幸运地在生产和进口电子元件上多赚了一点外汇差价，以至有一笔意外的收入进账。他们俩十分高兴，决定用这笔钱去投资新的生产器材，提高生产线的效率。这一个最普通、最正常不过的决定，却引起了意想不到的员工议论：为什么多赚了钱没有给大家额外奖金？为什么宁可投资生产线也不去改善一下我们破旧的宿舍环境？为什么不投资在员工培训上提高一下员工的技术水平？

听到这些议论，老板和老板娘当然心中很不好过，他们如此努力工作不眠不休，都是为了公司的发展，公司经营好起来，员工也一定是受惠的。他们从外地到深圳打拼之初，没有生产MP3的经验，最后请已经退休的老丈人出山，利用他过去当过工厂厂长的经验去牵头，把生产线从无到有建立起来，才有今天的基础；在公司，老板娘是出名的"救火队长"，事无大小，她都是身先士卒，迎难而上，最终解决问题，让公司恢复正常运作，员工也因此称她为"千手蜘蛛"。但是，因如此为公司拼搏，她亦有时无法兼顾正在上学的小朋友，心有愧疚。

这种情况在中小企间是十分普遍的。我认识一位在温州地区打拼多年的老板，他有技术背景并专注于自己开发产品，经过多年埋头苦干，终于成功生产出很受市场认可的真空泵系列产品。因为应用范围比较广——从牧场吸牛乳到汽车冷气系统制冷剂的回收都大有市场，他的产品在国外市场走俏，在远至中东土耳其，甚至美国都有订单，公司业务蒸蒸日上。

老板生性谨慎且刻苦耐劳，在创业之初都是走路上班，后来买了辆破旧的自行车代步，一直到很多员工都用电单车代步，他才勉强买了一辆二手电单车。过了好几年，当中高层的员工开始开汽车上班，老板也才买了一辆二手的汽车上班代步。这时公司已经稍有名气，逐渐成为他们真空泵行业里举足轻重的佼佼者。

这位老板在这些年一如既往地刻苦耐劳，他谨言慎行，专注于产品开发及市场发展，一直精兵简将，把公司发展得非常不错。有一天晚上，他的旧汽车熄了火，老板娘开了她漂亮的奔驰接老板放工，这个本来再普通不过的事一下子让员工找到话题发挥了好一阵子。员工关心的事基本上就是，如今老板很明显地赚了钱，什么时候轮到大家发财？

老板们很自然地觉得他们每天拼搏是为了公司发展，但员工并不都是上下一心地去支持公司的发展，因为对很多员工来说，这不过是份工作而已。员工们也很自然地觉得老板打拼及多付出是应该的，因为公司是老板的，而他们只不过在这里打工而已，只要做好自己的本分就足够了。两者好像各有各的道理。

1.5　误区之五：老板发年终奖的困惑

总的说来，据我所知，有些中小企老板每年发的年终奖金不少，但达到真正激励效果的不多，而且大多不持久，激励作用很快便消失或淡化了。有些年终奖计划没有很明确地与绩效目标挂钩，到头来往往凭老板一时的感觉去定；为此，有些公司的员工有一年一次的"搞定老板"行动，务求在重要时刻得到老板的青睐，以获取丰厚的奖金。

也有些老板刻意把业绩目标定得跟现实有很远的距离；亦有些

去要求员工完成无法控制的目标，比如要求销售对利润负责；也有些通过苛刻的条件让员工基本上很难达标，最后不能拿到奖金；等等。以上这些都会令员工士气低迷。

到头来，很多老板感觉奖金是分了，但没有达到预期的激励效果；而很多员工觉得自己付出了努力，但没有得到应有的回报，因此心情沮丧，士气低落！

应该是这样的吗？什么地方出了问题？奖金应该如何分配才能真正起到激励作用呢？这一点，会在后文详解。

1.6　老板应该专注的事情是策略性的问题

以上这些常见的误区，亦包括了企业经营最重要的问题：老板每天应该忙什么？老板应该如何组织及鼓励员工全心全意且全力为公司的发展投入？老板如何论功行赏？等等。

如前所述，中小企老板很累基于两大因素——心累和身累，且二者互相制约，相辅相成。

一个企业最重要的资源就是老板的时间，很多老板很自然地去做自己做得最得心应手的事，或是产品开发或是生产技术或是销售；有些强势的老板往往因为在白手起家的过程中已然是所有环节的专家，很自然地什么都会自己去做，以致不可避免地成为公司规模化最大的瓶颈。我记得问过上述以电子零部件起家的老板："贵公司雇用的几百名员工，往往花很多时间等你的决定，然后才可以继续干活，是不是有些浪费？"老板大概是第一次碰到这样的问题，也没有实时作答。可喜的是，过了一段时间我再碰到这位老板时他主动微笑着跟我说："关先生，我教会了一批员工去做事，我现在每年都放假！"

我们的"救火队长""千手蜘蛛"老板们天天花大量的时间去"救火"，是最好地利用他/她们最宝贵的资源吗？当然不是。

图1-2分析了老板们每日面对的大大小小的四大类事情：不重要也不紧急，不重要但紧急，又重要又紧急，最后是重要但不紧急。

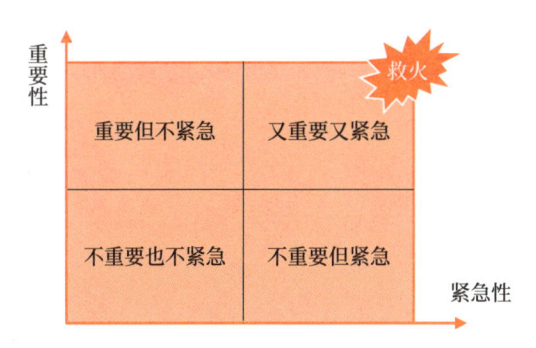

图 1-2 善用老板的时间之策略

大部分老板都很自然地专注于又重要又紧急的事,"救火队长"欣然地对号入座大显身手。老板们当然不想花时间在不重要也不紧急和不重要但紧急这两类事情上,但或不懂或习惯使然,很多老板都在某程度上做了"救火队长",导致在重要但不紧急的事情上投入远远不足。

那么这些重要但不紧急的事情是什么呢?这些事情如果不梳理、不明确,就会导致"心累"。

其实,它们往往是偏策略性的问题:从"三年后还做 OEM 吗?"到洞悉最终用户的需求、提高议价能力的方法等。

然后，再去解决"身累"的问题：如何改善员工的企业向心力，如何通过优化分工及加强培训去提高整体效率，如何有序地分配责任及论功行赏，等等。

这些策略性的问题亦刚好是老板们应该关注的重点，是由"身累"引发，但是应该先于"身累"解决的问题。不解决的话会让危机及"救火"需要激增，甚至有一天影响公司的存亡。

（二）明策略，疗愈"心累"

心累是因为看不清前景不知何去何从，破局的方式就是要明策略。明策略就是知道如何去赢而不是如何去做。只有目标为赢，才是在做正确的事，会做但不能赢的行动，到头来往往徒劳无功。

本章通过两个案例，回归寻找策略最基本的追问：我们提供的产品和服务是有价值、能够赢的吗？答案其实不复杂，只要是最终用户都抢着要的就是最有价值的。由此，认真了解最终用户的需求，树立我们明确的价值主张，所有兢兢业业的"做"才会有意义。

2.1 处于价值链最底层的企业，生存空间只会越来越狭小

心累是因为看不清前景，不知何去何从，对于这一点，从事OEM的老板们特别有体会。面对无休止的割喉式价格竞争，他们没有议价的能力，每年和买家谈判时都处于弱势，年复一年，越来越累。随着国际市场价格下调和人工、材料和汇率等要素的成本增加，OEM企业的生存空间不断受压（见图2-1），中小企老板们往往为了保证公司继续运营下去而接受蝇头小利及苛刻的条件，真有杀敌一千自损八百之叹！老板们背负公司生存和员工生计的重担，但又看不到脱颖而出的路径，这种心理压力是心累的源头之一。

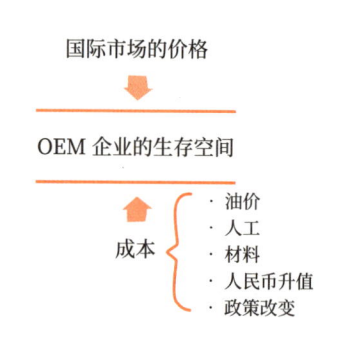

```
          国际市场的价格
              ⬇
        ━━━━━━━━━━━━
         OEM 企业的生存空间
        ━━━━━━━━━━━━
              ⬆         · 油价
                        · 人工
             成本 {      · 材料
                        · 人民币升值
                        · 政策改变
```

图 2-1　OEM 企业生存空间不断受压

根据英国研究机构Oxfarm（乐施会）对中国制衣业中小企制造商的研究报告（见图2-2），制造商拿到的市场利润份额平均只有5%，其他如材料、运输、采购利润、配额及关税占20%，而品牌及渠道商等占75%。为了拿到这些订单，不少中小企老板不停地"地狱式"减成本，接受薄如纸的利润，争取更大数量的订单去拿一点现金流，稍有差池便会出现"杀敌八百自损一千"的局面。

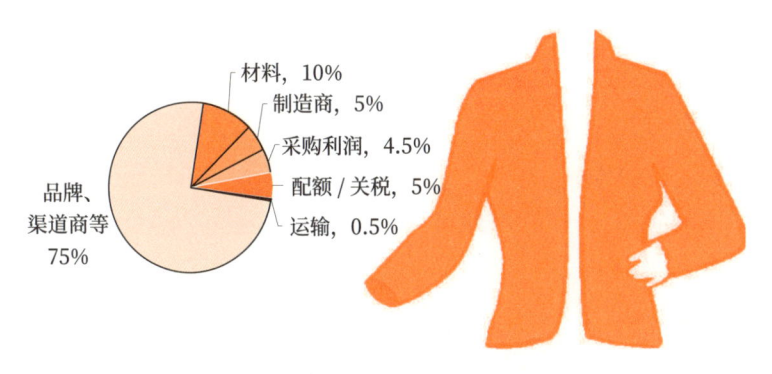

图2-2 中国制衣业中小企制造商的成本分布

资料来源：Oxfarm

各位中小企老板面对的是一个结构性的问题。如图2-3所示，中小企OEM在整个价值链的最底层，它们只能拿到整体价格5%（如制衣业）到最多30%（如大型机械制成品）的份额，而品牌和渠道商通过对最终用户的占据享有70%~95%的份额。要打破这个结构性的枷锁，不可能只从降低成本出发，因为经过二三十年的OEM洗礼，物美价廉已经基本上不再是个优势，而只是必要条件。如何脱颖而出？我能提供什么有价值的东西？答案其实不复杂，只要是最终用户都抢着要的东西，就是最有价值的。

```
中小企           渠道商（品牌）70%~95%      最终用户
OEM                                       100%
5%~30%
```

OEM，在价值链的最底层，如何生存？如何避免"割喉式"价格竞争？

图 2-3 处于价值链最底层的中小企 OEM 生存空间被挤压

2.2 能议价，从"更了解最终用户"开始

打开视野从贴近终端用户开始，从埋头苦干到"摇身一变"：一个 MP3 企业的故事

我们和深圳搞 MP3 的老板认识一段时间后，发现他和老板娘

绝口不提的就是他们的产品卖到什么地方、谁是最终用户，因为他们确实不知道！我当时觉得这是一个不可思议的事。还记得负责签单的老板娘说买家们也从来不提，而她也是偶然得知主要市场是西欧，其他就不甚了了。

后来在数次闲谈中，我都提起了了解最终用户的重要性，提出起码要知道他／她们是谁及为什么买他们的产品。老板当时答复："应该是因为便宜吧，因为大家的产品都差不多！"我接着追问，在欧洲有没有他们 MP3 行业的大型展览会？因为我以前做的医疗设备行业每年都有类似的展览，在一个地方可以看到行业内各大小公司的产品，对买卖双方都十分方便。老板开始也不是很清楚，但几个月后他找到了一个 MP3 行业展览会的信息，是在德国的工业大城杜塞尔多夫举办的。我问老板要不要去看看，他很难堪地承认他从未出过国，也没有护照！非常令人高兴的是，老板终于下决心出外走一次，起码了解一下他们产品的用户是谁及长什么模样。意想不到的是，这次外访给他们公司带来了巨大的转变！

老板从杜塞尔多夫带回来他们 MP3 产品用户的信息如下，很清晰：

(1) 他们是年轻人；

(2) 他们喜欢时尚；

(3) 他们没有钱。

这三条信息看上去再简单不过，但深深地改变了老板的想法。他忽然意识到，他们公司一直在降低成本上钻研是没有出路的，这样对消费者没什么价值，所有 OEM 供货商也都在做同一件事。他新的想法也十分简单：既然年轻人喜欢时尚但又付不起钱，那我们就在廉价 MP3 产品的基础上，尽力提供他们喜欢的时尚吧！

老板坐言起行，马上找到设计师去改造他们产品的外观，以迎合欧洲年轻目标客户对时尚的要求。随着新外观设计的完成，老板又投资制作自己拥有专利的工模，推出了一个全新 MP3 产品系列，虽然新产品的内部电子零部件一点也没有改变，但在市场上大受欢迎，为他们带来了比之前高很多倍的销售额及利润。老板娘笑得合不拢嘴地告诉我，现在各大买家闻风而至，抢着下很大的订单并愿意商讨很不错的价钱！经过这次主动了解最终用户并成功地给他们提供廉价的时尚产品，这对深圳夫妻档亦成功地购买了自己的厂房及员工宿舍，以前员工要在露天停车场吃饭和排大队洗澡的情况成了回忆。

这次外访让老板深刻体会到最终用户的重要性，也因为了解用户的需求而做出了产品创新，更让他们获得了议价的能力。虽然距离拥有自己的品牌和渠道话语权还很远，但是这家深圳MP3生产企业已经进阶为稍微高一点层次的OEM生产商（见图2-4）。

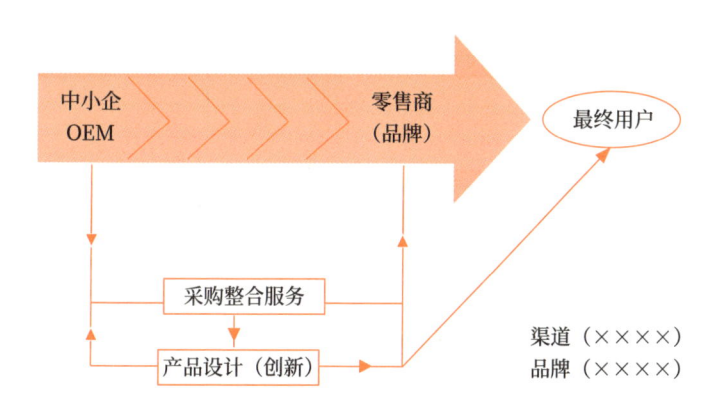

图2-4 争取到主动权之后的中小企OEM生存境况大为改善

2.3 对最终用户的了解才是核心竞争力

随时关注目标客户需求的变化，创新才能一击即中：一个真空泵工厂的破局故事

前文所述的那家老板在创业初期天天骑自行车上班的温州真空泵工厂（下文称 F 厂），因为专注于技术及产品开发，通过多年的努力已经成功地从 OEM 工厂转型并成为一个 ODM（Original Design Manufacturer，原始设计制造商）工厂。也就是说他们不再只是根据买家的产品设计需求生产，转而设计生产满足最终用户需求的产品。这是他们的核心竞争力之一，除了技术水平优秀，他们对最终用户的深入了解也是一项主要优势。这跟国内市场发展不错，在他们的领域每年有超过十万台的生产量也有点关系。老板亦很舍得投入时间及资源去了解国外市场最终用户的需求，特别是美国市场——早在 2006 年，该行业美国市场在全球的占有率为 47%（年销售 20 多万台），超越欧洲市场的占有率 34%（年销售 15 万台），成为全球最大的市场（见图 2-5）。

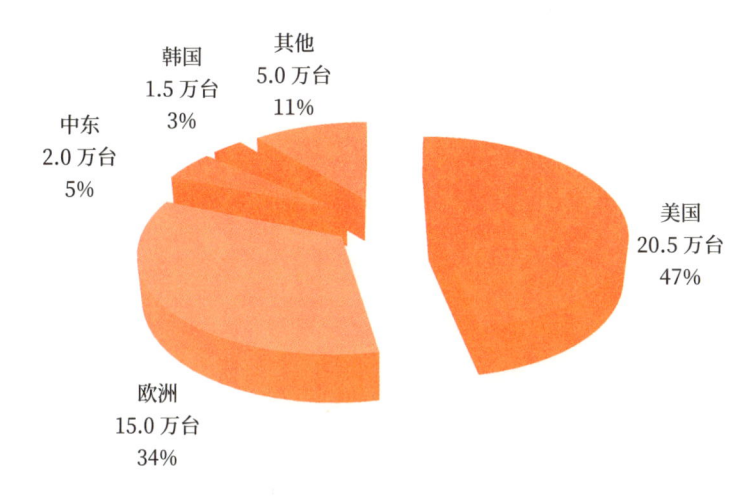

图 2-5 2006 年真空泵行业的全球市场份额分布

数据来源：F 厂的访谈记录及内部数据报表

F 厂每年最大份额的出口量也很自然地去了美国市场。跟它合作多年的 X 公司正好是当地的龙头供货商，市场占有率达 39%（年销售 8 万台）（见图 2-6），而 F 厂亦是 X 公司的主要 ODM 供货商之一。但因为在 F 厂刚起家时两家厂就开始合作，它们之间有一条对 X 公司比较有利的条件，就是 X 公司只要每年给 F 厂 1 万台的订单，F 厂就不能给美国任何其他公司供货，条款具有法律效力且没有年限。这个历史遗留问题，对 F 厂在美国市场上的发展，产生了很大的制约。

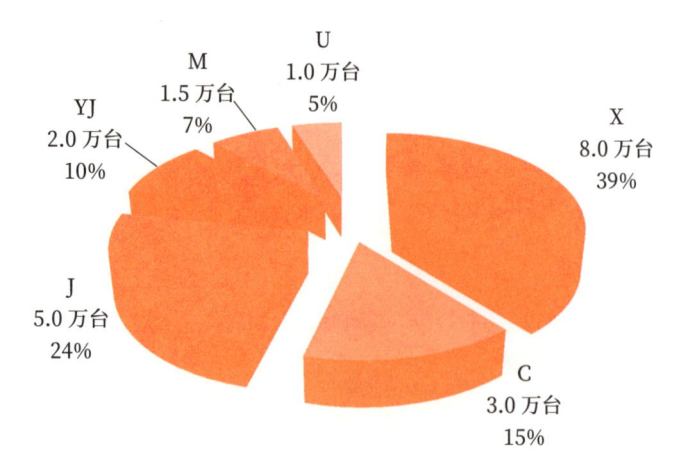

饼图数据：
- U 1.0 万台 5%
- M 1.5 万台 7%
- YJ 2.0 万台 10%
- J 5.0 万台 24%
- C 3.0 万台 15%
- X 8.0 万台 39%

图 2-6　2006 年美国真空泵行业市场份额分布

数据来源：F 厂的访谈记录及内部数据报表

当时 F 厂每年销售量接近 10 万台，占全球市场份额超过 20%。在国内市场占 30% 以上，紧跟专攻国内市场的 T 厂（占 44%），稳坐第二把交椅（见图 2-7）；美国是其每年出口量比较大的市场，年销量超过 3 万台，当时 F 厂应该是在这一领域内最大的中国出口商。但温州地区另一家公司 C 采用专攻出口的策略，在美国市场上奋起直追，已对 F 厂构成一定的威胁。除了美国市场，F 厂亦一直努力地开发欧亚及中东等地的市场，如意大利、韩国及土耳其等市场，但比较随机和缺乏策略。

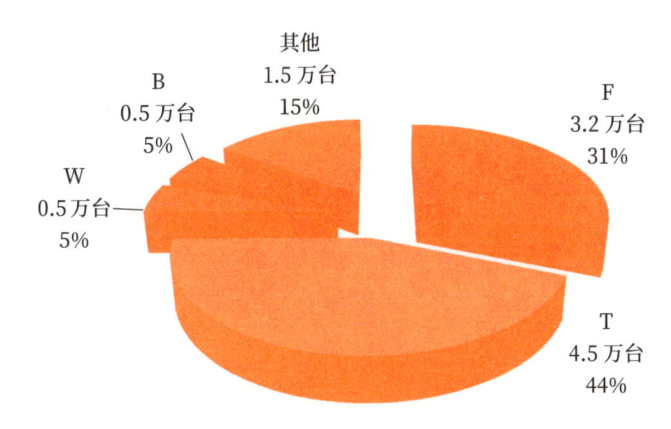

图 2-7　2006 年中国真空泵行业市场份额分布

数据来源：F 厂的访谈记录及内部数据报表

因为 F 厂产品的优越性，很多客户和分销商慕名而来，直接或通过代理下单，有时不免造成渠道上的混乱。老板也曾告诉我，他在土耳其真空泵及有关工业产品的专区街道上，看到很多店都在摆卖他们的真空泵产品，但品牌、价钱都不一样，这对他们的市场发展产生了不良的影响。这也难怪，因为历史性随机发展的过程留下了复杂的渠道结构(见图 2-8)，而这急需简化和梳理。虽然产品的优势带来的市场需求必须正视，但这绝对不是销售策略混乱的借口；F 厂的产品生产和销售资源有限，不可能在所有市场全面推广业务，所以，必须策略性地选择进入成功概率比较高，或比较重要乃至不可或缺的市场。

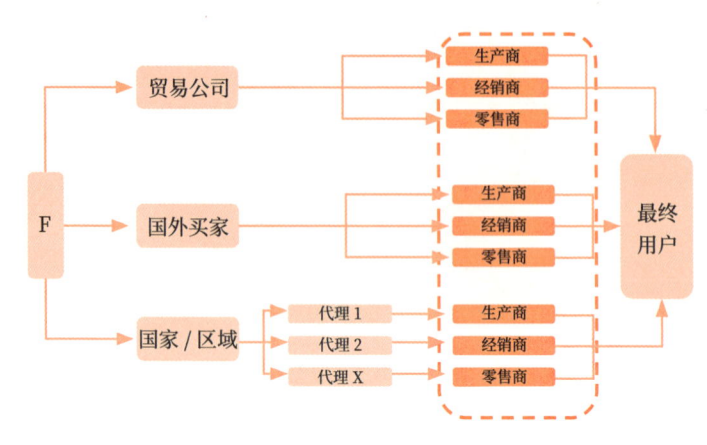

图 2-8　F 厂的销售渠道结构

更重要的是，当时 F 厂所处的发展阶段的目的，不止是销售产品，更是通过渠道的建设直达目标客户，建立自家品牌，争取做长远的源源不断的生意。要从一家以产品销售为主的公司，成功转型为专注渠道发展和建立自家品牌的公司，F 厂要走的路绝不容易。一方面，要改变固有思维方式，学会取舍，因为不是所有订单或市场都要盲目去追求；另一方面，要提升发展渠道建设及管理的能力，策略性地去发展和管控渠道。在这方面，F 厂是有基础的。因为除了美国和中国大陆市场，他们在亚洲其他国家和地区亦已建立年销售量超过 1 万台的市场（见图 2-9），这是让他们实施策略性渠道建设和管控的好机会。

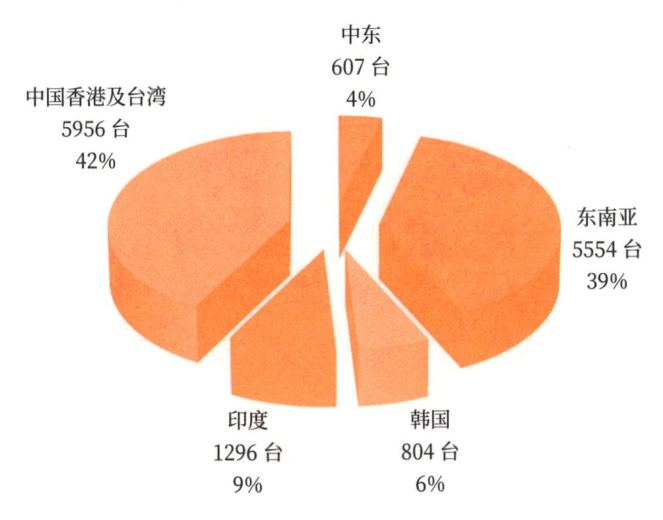

中东
607 台
4%

中国香港及台湾
5956 台
42%

东南亚
5554 台
39%

印度
1296 台
9%

韩国
804 台
6%

图 2-9　2005 年 F 厂在亚洲部分市场的销售分布

数据来源：F 厂的访谈记录及内部数据报表

基于优秀产品和较先进的技术，F 厂在国内市场已经算得上成功，它用自己的品牌销售产品，且基本上实现了对渠道的掌控。因为历史原因，他们在美国市场上只有一个客户（供货商 X 公司），而这家供货商基本上全面掌控渠道、品牌及最终用户，F厂只是它的一个ODM供货商。在亚洲市场，因为还未发展出美国市场的商业模式，所以，无论在渠道上，还是在品牌建设上，都还有空间和机会。

由于对美国市场的关注，F厂的老板注意到，美国国会因环保要求升级，对废气排放回收有了新规定。也就是说，某些一直以来容许排放的废气，如传统冷气机的冷媒，将被禁止排放，并要经法定渠道回收再利用。老板马上意识到这是一个推出新产品的机会，因为他们在美国的真空泵产品亦有大部分用于汽车维修和吸出汽车冷气机的冷媒。老板马上不动声色地设计出一个附加冷媒回收功能的真空泵新产品，刚好抓住了美国政府推出环保新法案带来的巨大商机，成为市场引领者。

一夜之间，F厂和X公司多年的关系发生了翻天覆地的变化。因为新产品的出现，它们之间的排他性法律条文已经不再有效，F厂马上和多家美国公司商谈新产品供应合作，并在价格、品牌和渠道建设上拿到话语权，X公司也从独家专营F厂产品变成F厂的众多买家之一。当然，F厂老板也绝不会再次掉进以往束缚了他们多年的合同陷阱。

虽然离全面掌控产品、渠道，拥有自家品牌，掌握最终用户的理想还有一段距离，但F厂已经成功地在个别市场取得重要里程碑和话语权（见图2-10），并且在重要的美国市场取得突破，实在可喜可贺。

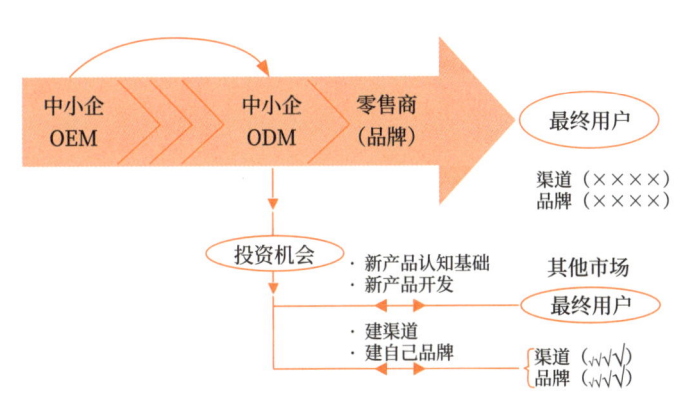

图2-10　F厂从OEM到ODM到拥有自己品牌的破局之路

F厂能够实现破局，和它在技术方面有优势分不开，同时与老板对最终用户的关注也分不开。想赢得市场竞争，只有技术优势是不够的，因为最终话语权在用户。F厂老板对最终用户的专注成就了产品的优势，让企业从最基层的OEM提升到ODM，并通过在美国市场洞识先机率先推出处理冷媒回收产品改变了公司的命运！由此可见，对最终用户的了解肯定是核心竞争力。

通过 MP3 企业和真空泵企业 F 厂这两个案例我们可以看到，只做 OEM 的时代已经过去，企业需要跟随时代发展不断升级，提升议价权，提升利润率。

2.4　策略是如何去赢，而不是如何去做

上文说到，中小企老板们很累的一个原因是"心累"，而心累的主要原因是策略上的，难一下看清问题，比如：如何在割喉式的 OEM 价格战中胜出？有可能胜出吗？三年后还做 OEM 吗？这也是中小企老板常常感到困惑的，不知道该何去何从的问题。

那么策略是什么？这是一个有趣且众说纷纭的问题。世界上一众商学院在此领域的讨论和研究历久不衰，研究者乐此不疲。

从一个实用的角度看，策略就是怎么去赢。要赢不是件简单的事，但它非常关键，中小企老板必须要搞清楚。因为你如果不

知道，就只会无的放矢、徒劳无功，还可能自暴其短，让敌人有机可乘。保守点，至少要做到先别输！俗语有云，留得青山在，不怕没柴烧！

深圳 MP3 企业的案例很明显是一个困兽斗的局面，要赢就必须破局，必须对最终用户有很深的洞察力。老板的外访让他得以暂时离开眼前的困局，并通过对欧洲最终用户的了解，找到策略性的答案，想到通过改变外观设计、投资新工模等，推出最终用户都抢着要的产品。知道如何去赢的成功一击，改变了整个困局，也改变了公司的命运！

关于策略，一个常见的误区就是把执行误解成策略。这种错误相当普遍，尤其是众多外企都有自己的"行动手册"，对分散在世界各地的分公司进行管理，并对公司的营运细则如财务、人力、营销等都有详尽的描述。不少外企出身的员工，往往手握这些"天书"，在未经消化的情况下，将其盲目地照搬到中小企执行，因此付出了代价。要注意的是执行并不等于赢，要先知道如何赢再去执行，这些策略才会成功。

前述"找个职业经理人去搞定一切"的手袋工厂的案例就是一个失败案例，把懂得执行的外国高端手袋职业经理人礼聘到中国，期望他能够将工厂提高档次，成为高档手袋品牌生产商，这是碰运气，不成功太正常了。

《孙子兵法》之"形篇"有云："故善战者，立于不败之地，而不失敌之败也。是故胜兵先胜而后求战，败兵先战而后求胜。"这几句话把如何赢这个道理说得很清楚。

在商场上也是如此，而且是有裁判的，裁判就是我们的目标客户。我们对他们了解越深，就越能制定出赢的策略（见图2-11）。想赢就不能用"拍脑袋"的方式去随便生产产品还妄图能满足客户的需求，而是要先了解他们的需求，再去提出令他们满意的价值主张。这是一个漫长的、绵绵不绝的长征。但是，只有能够不断地提出满足目标客户需求的价值主张，才能得到他们的长远支持（见图2-12）。

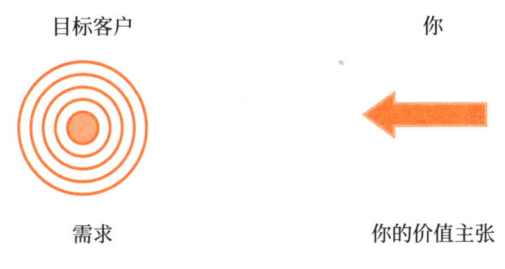

图 2-11　策略 = 如何赢

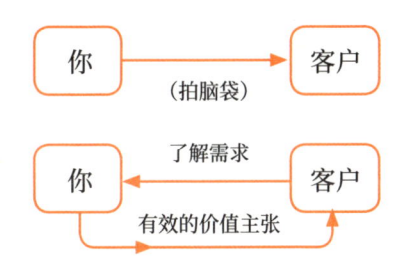

图 2-12　有效的价值主张是企业和目标客户间的桥梁

2.5　明策略的关键，是清晰界定目标客户和价值主张

明策略的关键，是清晰界定目标客户和价值主张，其过程可分为四步（见图 2-13）：明确目标客户，了解市场需求，画出价值刻度图，提炼价值主张。

01 明确目标客户	02 了解市场需求	03 画出价值刻度图	04 提炼价值主张
• 目标客户是谁？有哪些特征？	• 哪些是目标客户关注的基本要素？	• 你和其他供应商分别满足目标客户的哪些需求？	• 产品的价值主张是什么？

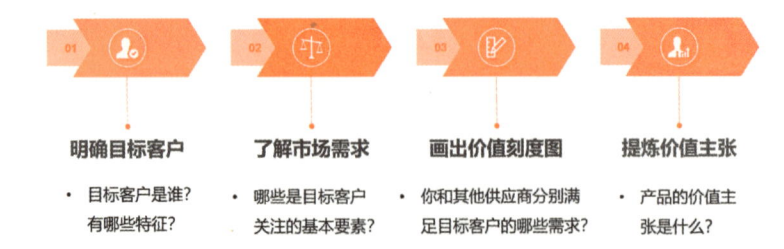

图 2-13 明策略的关键四步

在此推荐给大家一个非常好用的工具——价值刻度图。这部分的例子我在《关乎天下：中小企业赢的秘诀》里面的"3.1 做与不做的谋略"一节有提及。此处展开详述下。

美国西南航空是著名的"廉航"，在哀鸿遍野的 20 世纪 70 年代，航空服务业普遍重挫的时候，它却能一枝独秀，持续盈利。它是怎么做到的呢？

首先，它没有如一般航空公司那样"来者都是客"，而是锁定了目标客户，不是"所有人"，而是"商务人士"。然后，它仔细调研了"商务人士"坐飞机到底需要什么。最终发现他们除了一般的座位、价格之外，更需要有利于"商务"的特性：中转方便、班次频繁。西南航空进而把市场上瞄准这部分客户进行相关需求满足的典型供应商做了一个比较，在坐标轴上标出定性的折线表达（见图2-14）。

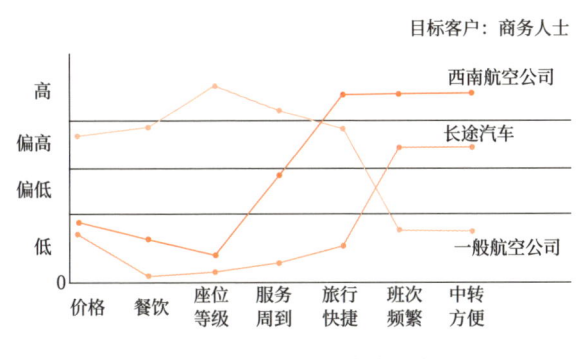

图2-14 西南航空的价值刻度图

以上算是"知彼"了，那"知己"代表了什么呢？他们也仔细盘点了自己求生存求发展的一些可能性，哪些要避开对手锋芒，哪些自己真不擅长（比如确实不能花钱太多）。

最后，他们在这个坐标图上增强、减弱、筛除或创新，画出了自己的价值刻度。找到了明显区别于其他友商又突出自己的价值主张：用长途汽车的价格，享受飞机的便捷。

再比如，我们都熟悉的京东，也可用同样的方式，来说明其早期的价值主张（见图 2-15）。

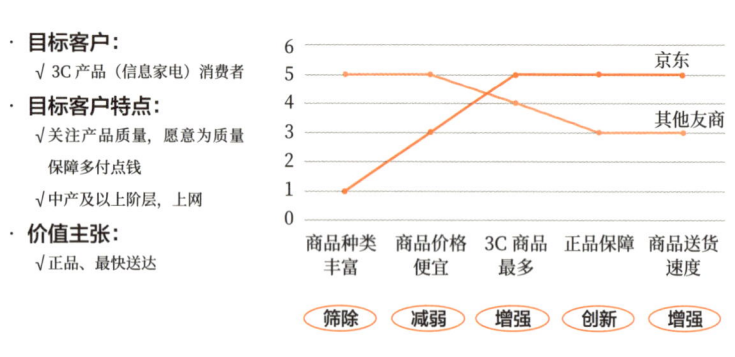

- **目标客户：**
  √ 3C 产品（信息家电）消费者
- **目标客户特点：**
  √ 关注产品质量，愿意为质量保障多付点钱
  √ 中产及以上阶层，上网
- **价值主张：**
  √ 正品、最快送达

横轴：商品种类丰富、商品价格便宜、3C 商品最多、正品保障、商品送货速度

纵轴：0—6

曲线：京东、其他友商

标注：筛除、减弱、增强、创新、增强

图 2-15　京东的早期价值刻度图

我们不难发现，根据我们的擅长点增强、减弱、筛除和创新，是我们建立在洞察客户基础上的主动选择。

总之，价值刻度图的用法分三步：第一，画出坐标轴，包括标题（列出公司/产品名称及目标客户）、横轴（列出目标客户关注的基本要素）、纵轴（列出基本要素的衡量指标，或定性或定量）；第二，找出相似供应商，画出其价值刻度图；第三，逐个分析基本要素，根据自己的擅长点增强、减弱、筛除或创新，最终画出自己的价值刻度图。

（三）从躬身亲为到千军万马：卓越领袖力纾解"身累"

3.1 躬身亲为的两面性

"身累"是因为在企业成长的过程中，没有人质疑旧有模式的效率，没有人问这些模式是否善用老板的宝贵时间。而"通过别人拿结果"可能会让老板们经历冲击，但是有冲击才有顿悟，这是纾解"身累"的不二选择。让我们深入看看让老板"身累"的源头。

还记得前文那位从摆地摊卖电子零件发展到自己办厂生产电子

零部件的老板吗？因为他对公司业务最了解也最专业且对员工的技术请示来者不拒，作为老板，他在不知不觉中变成了公司最大的瓶颈，妨碍了公司的发展。这种情况在中小企中比较普遍，因为老板通常在自己擅长的领域比较强势并喜欢亲自上马，而员工也乐得看老板表演，久而久之便养成习惯！也有不少中小企，特别是在创业初期人手及经验都缺乏的时候，花时间去教导员工有点费时失事，老板就自然地自己把事情做了；久而久之，这就成了公司的运营模式，没有人去问或质疑这种模式的效率问题，更没有人去问这种模式是否善用老板宝贵的时间。

首先，让我们分析一下领袖力在公司起的作用。在公司初期规模较小人手也不多的情况下，老板身兼多职从早到晚打拼的情况是常见的也是很正常的，但随着公司的发展，老板必须走向"通过别人拿结果"的更高层次，以实现效率的提升及规模化。也就是说，到了一定的规模，以前老板身先士卒带着大家冲锋陷阵的方式越来越不可行了。因为匹夫之勇已经不是赢的唯一条件了。历史上有不少这种案例，最能说明问题的莫过于楚汉之争，刘邦的军力不如项羽，长期处于屡败屡战的局面。但刘邦通过好好运用张良、萧何和韩信这些能人，让他们充分发挥作用，最终打败了百战百胜的项羽而得天下。图 3-1 展示了领袖力的三个层次：自己做，通过别人拿结果，所有人抢着帮你做。领袖力在公司起的最好的作用就是第三个层次。

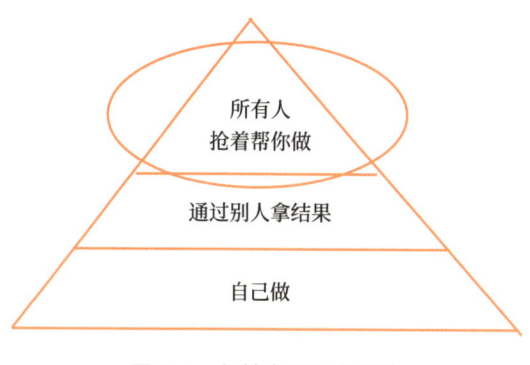

图 3-1　领袖力的三个层次

3.2　通过别人拿结果

对于很多中小企老板，学会通过别人拿结果，这是一个比较难过的关。这有点像打通任督二脉，是要顿悟的！

在企业层面，如何挑选及培养员工晋升主管也是一件不容易的事。因为最杰出的员工不一定会成为最好的主管！这个看似很矛盾的事常常发生。比如很多销售部门有主管的空缺就很自然地让顶尖销售当主管，并觉得这是众望所归和最自然不过的事。很多时候结果往往事与愿违：公司发现它失去了一个顶尖销售但只得到一个不太称职的主管。这种情形屡见不鲜。

我在阿里发展直销团队就碰到过这种状况：我们全公司数年来业绩最高、大家公认的销售第一人忽然说要当销售主管，这个要求让他的主管一时不知所措，全公司直销主管和他的高层都想办法说服他不要这样做，后来我亦参与游说行动但都无效，最后只好给他试一次的机会。结果，开头几个月团队业绩还算过得去，但其后就一沉不起，应验了失去一个顶尖销售但得到一个不合格的主管的预测。

案例分析结果显示，他是带着他部下的十位销售一一去拜访客户——美其名曰是教带，但实际上是他一个人做十位销售的工作！这个不可持久的模式当然不可避免地以失败告终。而我们这位顶级的销售学到了他毕生难忘的管理第一课：销售和销售主管是非常不一样的工作。因为销售主要是自己去拿结果，而销售主管的工作是通过他的销售团队去拿结果，不再是自己去拿结果。

在建立阿里直销团队的初期，为了强调销售主管不应直接销售而应通过提升他团队里每一位销售的能力去达到目标，我们决定主管不能再签单及拿奖金，从此主管的收入是固定的底薪加他主管团队销售总金额的提成。

这个决定在开始时对销售业绩是有负面影响的，因为业绩下降了，但随着主管们清晰地聚焦在提升每一位销售的实力上，包括销售技巧分享、客户分类、销售预测及客户关系管理、访前准备及访后总结，每天晚上的抚平（吐苦水）、拔尖（鼓励）及团队交流互享经验等等，公司整体销售业绩开始高速增长。同时，销售 IT 系统的逐步完善也让上述顶尖销售出身的主管尝试自己去拿结果的行动无所遁形！

由此可见，销售的客户就是最终用户，而主管的客户就是销售。销售专注于客户，并通过对客户的了解及建立关系和信心去拿订单，而主管是通过对每一位销售的深入了解去帮助他们提升战斗力以达成提升团队整体业绩的目标。这些要点都成为阿里培训销售主管的焦点：比如，我们所有新加盟的销售都要到杭州参加为期3~4个星期名为"百年大计"的脱产集训，他们未来的主管亦会全程参与，当那一届的班长（每次都有好几个班长），观察并了解他将要负责的团队新成员，参加对他们培训时表现的评分，并在培训完毕后带他们回到地区一起"上战场"，让他们充满信心，因为他们已集训好能力，且不是孤单上路！

上面介绍了通过别人拿结果的要素，为了更深入地帮助中小企老板了解这个重要的环节，从而打通任督二脉，领导公司有序发展及规模化，让员工发展并取得成功，我们把以往在阿里巴巴的经验写成分享案例。因为销售是比较基本的一环，亦是很多老板比较关心及有切身感受的主题，所以，我们选择了建立销售团队的案例，给各位老板分享。

自查清单

好的思考来自好的问题。本章的好问题有非常明确的逻辑和严谨的提问顺序。

1. 面对事实：

1）我现在的生意如何？我自己满意吗？

2）我有介入恶性竞争吗？其在我的生意中占多大比例？

3）我的生意受制于人吗？我有多想摆脱，或者借力？

2. 全面思考：

1）我的目标客户是谁？我能说清楚他们的样貌，明确他们的偏好吗？我知道他们在哪里吗？

2）我的目标客户有什么需求？这些需求都被哪些产品满足了？或者还有哪些未被满足的？

3）有和我们做类似生意的友商吗？他们的产品是什么样的？客户喜欢他们什么？

3. 遴选重点:

1) 在所有客户的需求中,有哪些是我能做的?

2) 有哪些是我区别于友商可以做得更好的?

3) 如果用一句话来表述我的价值主张,是什么?

贰

策略与领袖力之集成表现

——销售管理七要

销售管理是老板们事业做大做强的必经之路，也是大多数"身累"的直接来源。本章通过对阿里铁军从建立到成熟运营的过程的拆解，详细讲述销售管理的七个重要环节（我称之为销售管理七要）和需要注意的要点：围绕"业绩增长"这个核心，如何通过"选拔—培训—教带—业绩管理"四个环节提升单兵业务能力，如何通过"策略—激励—奖惩"三个环节提升团队战斗能力。

骤然看上去，这七要好像跟销售搭不上关系。销售不就是拿个包去见客户，凭自己"三寸不烂之舌"说服买家，把产品推销出去的行为吗？

要是让老板自己兼职做销售，公司业务也能持续发展的话，那当然没有建立销售团队的必要。这种情况也有，通常是公司经营独门生意，客户数量不多且需求稳定而竞争者也相对少以至市场份额变化不大。这种情况不多见，很多中小企老板有通过销售把业务规模化的需求。此时，公司面对的最大风险就是：一下子聘请了一批销售，但没有很具体的管理，最后各自为政，有事都去找老板，局面失控，老板支付了不少底薪，耗费了很多时间，但没收获好业绩。

所以，我们要有一套销售管理的方法。

（四）如何做销售管理之选拔、培训

4.1 选拔

4.1.1 前线销售选拔

关于销售选拔，老板常要面对一个大问题：是找些有销售经验的从业者，还是找些素质高的可造之才自己培养？

这个问题没有统一的答案，要看每家公司的情况而定。当年阿里也经过多次的尝试，最终才找到比较适合自己的模式：主要选拔以客户为中心、诚信、有激情、有团队精神及一两年销售经验的年轻人。以客户为中心、诚信、有激情、有团队精神的要求，源自阿里公司文化；而有一两年销售经验的要求，源自我们总结失败经验后，了解到社会经验是比较不容易通过培训去获得的！对阿里来说，选拔是非常重要的事，主管及主管的上司和人力资源人员必须直接参与，并不时要求公司其他销售参加交叉面试，有时我亦会参加这些一线销售的面试，抓好过程，保证质量。

当然，选拔是双方面的。我们在选应聘者，他们也在选最好最适合他们的公司，因为不少公司都在争取这些人才！记得当年陆兆禧在深圳开创广东大区，计划将销售人员数量翻一番，让我和他做最后选拔，我们花了差不多一整天的时间，从五六十位入围应征者中筛选出十五位最终人选。结果，有差不多一半接到聘书的人选择了其他公司，原因各异。大部分是因为其他公司条件比我们优厚，有一位就坦白地说别家公司底薪比我们多了数百元人民币；部分是因为对阿里所在的这种新兴行业采取观望态度；最戏剧化的一位是我和陆兆禧都觉得很适合在阿里发展的年轻女医生，她在入职那天哭着来电话说她来不了，因为家人反对，把她反锁在房间中让她上不成新公司的班。

4.1.2 销售主管选拔

前文已提及选拔顶尖销售去当主管的风险，并提供了一个阿里当年的案例，以供参考。主要结论是，销售和销售主管是非常不一样的工作。因为销售主要是自己去拿结果，而销售主管的工作是通过他的销售团队去拿结果，而绝不是自己去拿结果！

关于选拔销售主管，中小企老板们也有自己培养还是在外面招聘的两难。自己培养比较慢，但比较踏实，可控性高，对要求稳步发展的公司是比较合适的。招"空降兵"主管可能比较快，找到合适的人才会有立竿见影的效果，并替公司注入新动力和新元素，提高整体视野和水平，比较适合急于高速发展业务的公司，但风险也是非常明显的。某人才是否"合适"，在入职之前是较难预测结果的，要是不合适怎么办？很多时候，能早些发现已是不幸中之大幸，因为很多时候事情曝光时已经造成了较大的破坏，收拾残局要付出很大的代价。

如果选择在外面招聘，就要做好准备，把对这个位置的要求写得非常清楚，不限于对应聘者专业能力的要求，更要包括领袖力的经验和表现，"他真的能通过别人拿结果吗？他真的有这方面的经验和案例分享吗？他会如何帮助我和我们的团队提升发展？他会是个好教练吗？"等等。另外，同样重要的就是要清楚他的人格和品性是否与公司文化相吻合：他是个什么样的人？诚信、正直是首要的，善于沟通、有亲和力及团队精神是必要的；他的个人背景也是需要了解的重要信息；他的个人嗜好、家庭状况、经济环境、私人或法律纠纷、个人学历及社交圈等都在考查之列。总之，他的"前世今生"可以知道的都要知道！可通过交叉面谈、第三方查证等，多方面多角度去深入了解他。有些企业可以通过猎头公司去做这些考察，但成本比较高，同时，这些问题和答案对中小企很关键，值得老板亲自明察。

还有一个折中的办法，就是老板自己暂代销售主管，先行建立销售团队并通过这个过程去了解其中要诀及团队情况，之后，再做内部晋升或外部招聘这个重要决定。这个方法，老板暂代期间是相对辛苦的，但也有好处，决定是在有比较深入了解的基础上做的，成功概率会比较高。

冰山模型　冰山模型是美国著名心理学家麦克利兰于 1973 年提出的一个著名的模型，所谓"冰山模型"，就是将人员个体素质的不同表现划分为表面的"冰山以上部分"和深藏的"冰山以下部分"，见图 4-1。

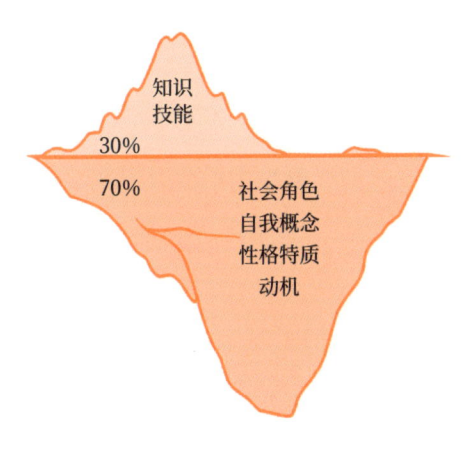

图 4-1　冰山模型

冰山模型大量运用在招聘选拔中。冰山以上部分对应岗位硬技能要求，冰山以下部分对应公司对应聘者价值观特质的要求，所谓基本素质高的可造之才，这里的"基本素质"主要指冰山以下部分。

关于冰山以下部分，阿里 CHO（首席人力资源官）彭蕾分享过阿里人才的八字要求：聪明、皮实、乐观、自省。

聪明：你在专业方面得"有两把刷子"，与人交流时还要有互通有无的能力。

皮实：文雅点叫"抗击打能力""抗挫折能力"，意思是经得起折腾。这个折腾是什么？就是不但要经得起"棒杀"，还要经得起"捧杀"。

乐观：这个乐观的定义是什么？我们在充分客观理性地了解当下真实情况之后，仍然充满了好奇心和乐观向上的精神，这才是对乐观的完整解释。怎么做好这两者的平衡，是特别有智慧有方法的，而不能只单纯地倡导。

自省：不懂得自省，死不悔改，那就没得救了，吾日三省吾身，即使某件事跟我没关系，我也要反省个人如何做得更好。

这个反省，就像金子一样珍贵，也是对我们个人成长很有价值的。如果一个人很聪明、很乐观又很皮实，但是缺乏自省能力，那是灾难性的。你的一根手指指向别人的时候，一定要记得有三根手指对着自己，要从自己身上找原因。

冰山以上和冰山以下，两者都要考察。前者对应学历、就读专业、工作经历、资历证书等，相对容易考察。后者就很不容易考察，又非常非常重要，必须考察清楚。

4.2 培训

培训是公司管理和发展的一个非常关键的要素，企业必须把它当成必要的、值得的投资。不培训好员工就让他上阵，是无法打胜仗的，让员工当"炮灰"的同时，还损害客户体验，影响公司氛围。

但是，培训在中小企往往不太受重视。很多老板把培训看成成本，不舍得投入，能省就省，能砍就砍。也有老板把培训看成投资，但他希望马上有重大的回报，殊不知，培训就像健身一样，必须持之以恒，逐步提升体能，希望短期就可以成效显著健步如飞是不切实际的。

要经营成功，必须重视培训，并持续投入。这个投入无法节省，越早投入效益越好，越晚投入成本越高。

古之名将，无一不重视培训。《吴子》云："用兵之法，教戒为先。一人学战，教成十人；十人学战，教成百人；百人学战，教成千人；千人学战，教成万人；万人学战，教成三军。"当然，吴子强调教和戒，教就是训练，而戒就是纪律，什么能做、什么不能做和触犯军纪的后果也是培训内容的一部分，都要一一说清楚，这样带兵上阵才有军令如山之效。阿里直销团队也以纪律严明著称，所有不诚信的行为，如抢单、飞单或欺骗等，都是碰高压线，都会导致实时解雇的后果。

GE（美国通用电气）十分重视培养人才，公司长达三年的全职工程人力及财务管理课程早已业界闻名。学员在大学本科毕业并通过严格选拔后，由招聘他的公司事业部，如医疗设备部、飞机工程部等等，保送去接受这些管理课程的培训。这是由集团总部主持的跨事业部的培训未来管理人才的计划，是公司十分重视的长远人力资源战略投资。经过三年的学习毕业后，各学员基本上能通过在自己事业部、公司总部及其他事业部参加的培训和实习，在管理和专业知识方面，为将来管理生涯打好强大的基础。对公司而言，他们也成为不折不扣的"自培正规军"和在公司长远发展的人才。

我在 GE 公司发展中国医疗设备业务时，也曾驻美国总部一年，任职中国发展部经理，主动去寻求美国总部有效加大对我们在中国业务的支持。在充分了解公司在美国本土市场的销售管理和前线销售情况后，我看到有很多值得借鉴的地方，最后开拓了一个中国前线销售到美国实践学习四星期的课程，每位到访的中国销售同事都由公司选配一位美国的销售，在课程期间带他参与自己每天工作的每一个环节。通过这个深层次的辅导计划，我们中国的销售迅速地了解了美国销售方式，将其借鉴到中国并加以推广，看到了差距后自己如何改进提升也心中有数了。而美国销售也通过这个不一般的课程，对中国业务的发展和人才培养做出了贡献，深入了解并认识了中国同事，深入交流，教学相长。后来，所有中国销售同事都参加了这个课程，也都对中国业务的高速发展做出了贡献。这个课程还推广到了售后工程服务部，他们也到美国进行同模式的交流学习。最后，这个课程模式更成为公司跨境培训的一个最佳案例，被其他业务部门学习借鉴。

（五）如何做销售管理之教带、业绩管理

5.1 教带

销售主管做教带关键有三点：抚平拔尖、转换飞轮、团队建设。

5.1.1 抚平拔尖

抚平是什么？就是帮助前线员工面对挫折及失败，在逆境中生存下去并最终取得成功！在阿里巴巴初期没有客户知道我们是谁的情况下，我们前线员工每天面对的最大的问题就是失败，

完全没人理会，根本见不到客户，或者见到客户后被赶出去，日日如是，怎么办？

当年阿里前线销售都在商住两用的地方办公，晚上这里就是宿舍；所有同学晚上都聚在一起做抚平，那就是"吐苦水"，主管要用心聆听，让每一位员工把当天产生的负面情绪都释放出来，因为所有人都有大量负面情绪，特别是初期，大家都不顺利。抚平是要让大家知道："我原来不是最差的，我绝对不是孤身上路的。"

比如我见过一些爸爸有酗酒和家暴行为的家庭，可怜的妈妈独力支撑，孩子的心性和前途受到影响，往往会步父母后尘造成历史重演。

但也有成功的案例，他们在这样的环境中成人成才，成了企业家、学者，甚至优秀的官员。这里面因素固然很多，但大多数案例有一个细节共通点，就是他们的妈妈往往会在孩子放学回家后，通过家长里短地聊，引导孩子把在学校一天受到的欺负、不愉快的事和负面情绪讲出来，帮助孩子正向看待，调理好心情，去迎接更好的明天。这些妈妈从孩子上小学到上中学、大学，天天这样做，一直到孩子们成才，可真不简单！

初期前线员工的努力终于开始有点成果：有同学成功约见客户啦！有同学见到客户并谈了半小时！有同学拿到第一单啦！这些成功故事及背后的过程和秘诀，全部会在每晚的例会上分享，甚至会上传公司销售内网分享给全国所有销售！这就是拔尖。

抚平的分享让大家感到自己不是孤单上路，而拔尖的分享让大家都看到了希望，且快速学习同学们成功的方法。

阿里的"今天最好的表现是明天最低的要求"价值观，让所有同学拼命寻找更好的方法，去征服一个又一个的高峰，并不断互助分享这些成功故事，一起创造更多成功！

老贺（贺学友）当年是我们百万俱乐部的第一批成员，排行第四。很多同学都觉得年销售额能上百万是不可思议的事，因为当年每人每年的平均销售额只有二三十万元人民币。但是，老贺想百尺竿头更进一步，对未能成为公司销售三甲乃至冠军耿耿于怀！

为了使顶尖销售的能力得到更好的发挥，公司给百万俱乐部的成员配助理，助理任期一年（期满落地分区做销售），去帮助管好顶尖销售的时间和后台，让他们把更多时间放在客户身上。

当年老贺很幸运地被分配到一位助理，能力超强并有驾驶证。老贺把他百万销售的奖金用来买了一辆日产蓝鸟，作为他去拜访客户的座驾，而助理就穿制服戴帽子，做他的司机。他们挨家挨户地到每家中小企工厂去拜访客户。车到工厂门口门卫都会问："你是从哪里来的？"助理就如实告知："我家老板来见你们老板！"然后就进去了，比一般销售闯关门卫容易不少；停好车，助理很正式地为坐在后座的老贺开车门，让他拿着公文包，大摇大摆地在助理的跟随下去见老板，结果都能见到！这个消息分享出去之后，百万俱乐部的很多成员纷纷买车，争相效仿！

老贺还有一些创新和打破常规的销售方法，为同学们津津乐道并十分成功。比如，他不再挨个客户去销售，而是把一批客户聚在一起，让我和马云去跟他们讨论一些更高层次的、他们关心的问题，如管理要点、贸易要点及行业大环境等。所以，老贺每个月都聚集一批客户（一般是二三十位企业老板）到阿里杭州总部，让我或马云给他们天南地北地讲课。在大家觉得很有收获，气氛非常融洽的情况下，老贺的签单自然非常顺利。

老贺的这种模式还有一个有趣的小插曲：话说有一天，我们知道老贺带一大批客户到了杭州总部，但迟迟未见他邀请我或马云去会议室给老板们上课，感到有点不寻常。我后来到会议室去看，才发现各位老板正在聚精会神地听一位金发美女在台上演讲，而且讲的是英文！细看才认出，她是阿里当年常驻瑞士的欧洲总经理 Abir。我当时很纳闷的就是，谁在台下翻译？后来发现居然是老贺，而他基本上一句英文也不懂的！但这个事实并没有阻碍他好好利用 Abir 刚好来访杭州的时机，去介绍阿里在欧洲的实力和提供客户服务的优势！

老贺这种独特的集体销售方式，很快就被公司复制，在全国各地举行客户们感兴趣的沙龙及研讨会，由我及马云主讲，每次都有几百名客户参加。有一次在山东举行，原定只有我主讲，但最后机缘巧合马云也能到场压轴主讲，结果，有近千人到场参加，让山东销售同学们忙得不可开交，乐不可支！

5.1.2 转换飞轮

销售主管如何辅导前线员工，通常是个比较大的问题。很多主管带员工上阵，看到他们的不足，就很不耐烦地自己补上，结果自己做了员工的工作，岗位职责错乱，这是致命的！

通过不断的摸索，我们开发了转换飞轮的四大步骤，十分管用，分享如下。

第一步：我做你看（示范）；
第二步：我说你听（传授）；
第三步：你做我看（观察）；
第四步：你说我听（代入）。

如图 5-1 所示，主管示范，先做一遍给员工观察学习，接着解释传授要诀，随后员工和主管换位而处，由员工做，接着，由员工向主管解释要诀，用代入去强化他的理解。

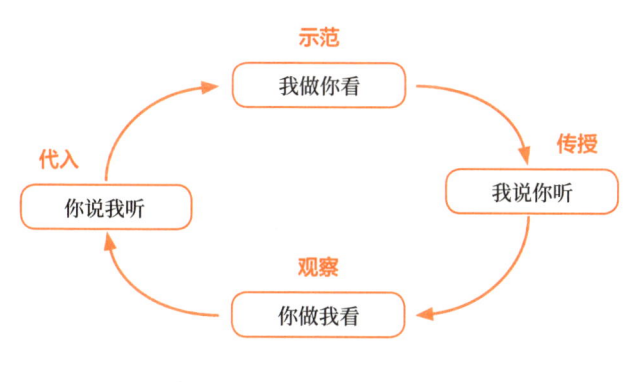

图 5-1 转换飞轮四步示意

这个模式经过无数次的运用，在不同领域和不同情况下帮助了不少阿里的销售主管成长，并打通这个最难打通的"通过别人拿结果"的关口，为未来管理团队打下了良好基础。

5.1.3 团队建设

团队建设有三个重要的里程碑：团队成立、团队标准、团队效能。在这里一一说明。

团队成立

团队成立之初招兵买马、练兵及建立基地是最为重要的。如何建立适合自己公司商业模式的销售团队，如何迅速规模化，及如何掌控一个区域乃至全国的销售团队，往往能决定公司的命运，是绝对不可以掉以轻心的大事。

前文在如何做销售管理之"选拔"部分已经介绍过招聘的重要性及阿里的经验，阿里当年也有不少困难和挑战，也经过了很多尝试才找到适合阿里的销售人才，并成功建立了阿里铁军销售团队。其中细节就不再重复了，但是，需要再三强调的就是主管在招聘中担当的角色非常重要，特别是在团队建立之初。

在这方面，通常的误区是，有些主管会说："这是人力资源的问题，与我无关！"那就大错特错了。你要是真的明白你是要通过招聘来的员工去拿结果的话，那你一定不会掉以轻心，一定会全力参与。要注意的是，人力资源在这方面是一个辅助的角色，主管才是招募贤良建立团队的主导角色。

前文提及培训的重要性，也提供了美国 GE 公司的案例，公司在这方面的投资回报是巨大的。可惜的是中小企老板往往对培训不怎么重视，更把它看作成本，可省则省，导致培训变成走过场式的活动，只学过几式三脚猫功夫的士兵匆匆上阵杀敌而溃不成军的例子比比皆是！

怎么做培训？新员工对公司的第一印象都来自培训，这个印象非常重要，这个投资会影响长远回报，所以要给新员工讲公司文化、目标客户、公司产品技术，还有销售技能和操作系统。

很多公司花了很多时间把人招进来，但是只有匆匆一两天的培训，就让他们"上战场"了。这样导致的结果就是流失率非常高，同时他们也不能拿业绩，这就是非常大的浪费。

此处以阿里直销之"百年大计"案例为例进行详解。

直销团队创立之初，培训就是我们的基石。三个月试用期的第一个月，所有新员工，无论所在区域是什么地方，都要到杭州总部报到，并参加"百年大计"的培训。这个名字是公司销售主管李琪起的，取十年树木百年树人之意，这个培训最后成了阿里的"黄埔军校"，而各期毕业的同学都以自己为"一百大""两百大"等的毕业生为荣。

整个百大的培训老师都由公司高层担任，与阿里价值观独孤九剑之"教学相长"一剑非常吻合。马云身体力行，教第一课和最后一课。毕业这一课的重头戏是让各位百大同学当场向马云推销一件物品，成功者有奖，当然，能够让马云成为你的客户本身就是一个莫大的荣誉！

我当年为每期百大上七门课，一直教到二十四百大，其他老阿里人像李琪、张瑛、彭蕾、李旭辉和孙彤宇等也是百大老师，为每一位百大学员的教导做出了无私的贡献。

另外值得一提的就是百大的班长们，他们被从各区抽调到杭州做班长，跟他们区的百大学员一起学习，通过百大课程去深入了解他们的队伍成员，并在学员毕业后以销售主管的身份带他们回区域"上战场"，让大家知道他们不是孤身上路的。

培训内容比较丰富和广泛，包括阿里文化、公司组织、IT系统、产品及销售技能、管理等等。在团队建设上，除了公司文化演练，还有野外拓展训练，让小团队通过上山下海的障碍活动，了解到团队合作和沟通以及信任的重要性，体会到合作共赢的兴奋和喜悦。

再以阿里直销基地的案例为例进行详解。

阿里当年很穷，用每一块钱都精打细算。没有钱，所有销售团队都只能租商住两用房为办公及住宿的基地。所有人都住这里，日间办公，晚上睡在地上的垫子上。大家天天见面，一起打拼一起成长，一起经历抚平的心酸和拔尖的兴奋，一起苦中作乐，一起相信自己能创造未来，一起一点一滴地建立起不可思议的凝聚力和团队精神。

当然，长期在这么差的环境中办公，也不是公司和团队的计划，重要的指标是和销售业绩及规模化有直接关系的。当时的标准产品是为了帮助中小企老板们寻找海外买家及出口的中国供应商（又称中供），这是公司赖以生存的经济单元。这个经济单元的毛利如何支撑区域、销售部门、网站、工程甚至全公司收支平衡大家都心中有数，其中，区域销售规模化是不二法门。

每一个区域都很清楚要达到什么业绩才可"脱贫"，进而搬到正规的办公室。记得早期，广东中山区的同学带我去看当时主要竞争对手在中山漂亮的办事处时，对我说，中山区的业绩一旦达标就搬到像这样的地方办公！

随着大家的努力，各区域纷纷"脱贫"，并从"游击队"逐步走向了"正规军"。

团队标准

团队标准有三个：生态共识、行为共识、目标共识。

生态共识 团队就是一个生态圈，因为大家不光是一个商业团队更是一个社交生态圈，在公司文化大前提下有自己区域的小文化，尤其在成立初期，一个人的心酸、失败和成功会变成每一个人的心酸、失败和成功，直接影响每一位成员的心态和团队的士气。高昂的士气往往让团队奋勇向上无坚不摧，远远超出所有人的期望。在阿里直销创业初期，这样的案例多不胜数！而销售主管和区域经理们都知道如何保证每个人（包括新员工）在生态圈内如鱼得水，是很不容易的事。特别是在面对逆境的时候，一个强大和有包容性的生态圈，往往是风暴中的避难所，给团队充电疗伤，卷土重来再战江湖！

行为共识　从生态圈出发会很自然地发展到行为共识，那就是在这个生态圈内什么行为是不可接受的，欺凌、迟到、粗话和不老实都在此列，行为人会因这些行为被罚款。等到罚款攒到一定数额的时候，大家就会组织一次大型"腐败"，去吃顿好的、唱唱卡拉 OK，放松一下并做做团队建设，其间不忘感谢贡献罚款的同学们！当然，大家亦会很快对大家都引以为荣的行为形成共识：勤奋、互相帮忙、诚实、守时等等。这些行为共识很快就成了团队的主流与标准，并凝聚每一位同学的表现。新到的同学会很快学会这些行为共识，以更好地融入这个生态环境，汲取养分，欣欣向荣。

目标共识 销售团队的主要目标是销售，所以，每月、每季及每年达标是头等大事。凝聚力一般的销售团队通常各自为政，除却达成自己个人目标之外，会缺乏团队整体目标，更遑论帮助弱势同学提升能力，他们很少分享经验让个人的成功进一步成就大家的成功。优秀的团队除了个人达标之外，通常都有个团队目标，比如区域月度、年度冠军，甚至全国冠军等较高的目标。

这些目标共识的普遍形成实在是团队"拔尖"的基础。个人的拔尖帮助每位销售从见不到客户蜕变成独当一面的顶尖销售，团队的拔尖把这个过程大大地规模化，通过团队目标共识的赋能往往有惊人的发现：原来个人加团队的潜力是无限的！

说到这里，我们已通过团队建设标准之生态共识、行为共识、目标共识，成功地把团队带领到"团队效能"的阶段。也就是说，通过"招兵买马—练兵—屯兵"统一思想和团队建设，把一批散兵游勇培养成初具雏形的正规军。下一个阶段就是团队发挥效能的时候。

团队效能

绩效考核初看好像很简单，就是定个目标（月度目标或年度目标），然后不停地追踪表现，达标有奖，不然有罚！但首要的问题是谁去定目标，第二个问题就是如何定目标。

2001年1月初我刚到阿里没几天，我问马云："我们今年做多少？"他说："我们今年实现收支平衡要做1000万美元收入才行。"马云是心中有数的，没有1000万美元的收入是达不到收支平衡的。我就跟做销售的同学们谈这个目标，大家给我的反馈都是一样的："这1000万美元不是我的目标，是马云的目标！"

问题就出在这里，我去问他这1000万美元目标的来由，马云承认这是他拍脑袋的预测，并没有清晰的执行计划。我知道这个目标是达不到的，跟大家商量之后，我也拍了一下脑袋，把目标减到400万美元并说服了董事局。最后我们2001年做到365万美元，还欠35万美元未达标。好消息是我们接近达标了，目标达成率为91.25%，同时，在当年12月我们拿到公司成立以来第一次月正现金流，有几万美元。

董事局终于看到了曙光，建议给我发奖励，但被我拒绝了。我的理由很简单：我在GE十七年没有试过不达标，这次在阿里阴沟里翻了船，我要负责，等2002年达到收支平衡再给我奖励不迟。

结果，我们2002年以稍多于1000万美元的结果全年达标，当年也全年收支平衡，这是一个很重要的里程碑！

上面是公司层面定目标的例子，再分享一个帮助下属合理定目标的案例：

早期戴珊负责诚信通销售时，她自己定了一个A的销售额目标，然后来找我汇报，我与她细细分析预测后，发现她太乐观了，那个目标根本达不成，我就主动建议她下调了一半，目标定了A*50%，依然有挑战，但是跳一跳是可以够得着的。最终，她们诚信通团队做到了约A*67%，超出A*50%的目标不少，整个团队都很兴奋，信心、士气大涨。为何不是"取上得中"定目标，而是主动下调下属团队的目标？因为，铁军不是一日练成的，更不是在挫败中练成的，它基本只能从"打赢一仗，又打赢一仗"的过程中练成。老板要帮助团队不断打胜仗，进而形成战无不胜的士气。阿里也是如此，所以，后来阿里铁军面对困难时，他们的第一反应不是"好难呀，我干不来"，而是"So What！Who 怕 Who！"（那又怎样！谁怕谁！）。

那么定目标时如何做预测呢？

没有预测的能力是定不了目标的，谁做预测是很重要的决定，公司大老板，销售部的总经理，还是区域主管？都不是！最能和最应该做销售预测的人就是前线销售本人！这个不难明白，因为在全公司内他是最了解、最接近客户且最得客户信任的人。如果他不清楚他的客户什么时候下单，那么谁清楚？

另外一个重点就是，由他做预测就不会有"1000万美元不是我的目标而是马云的目标"这个问题。因为做预测和从客户手上拿单的是同一个人，所以就能很清晰地把达标的责任和做预测的人连成一体，牢不可分！这样，销售在预测周期内达标就责无旁贷了！或许有人会问，如果销售故意低估预测，去减低自己的指标，怎么办？答案是：因为他不止做一个周期，同时团队不止他一个销售，不停地交叉比较，真相是无可遁形的。对于倾向于夸大预测的销售情况也差不多，很快亦会真相大白！

下面给大家分享一下阿里的直销预测系统。

每个销售把自己的客户分成 A、B、C 三类，A 类客户会在一个周期之内下单，而 B 类及 C 类客户分别会在两个和三个周期内下单，这就是每个销售的客户渠道，即 pipeline。这是每个销售的根本，而他主要的工作是保持 pipeline 常满，不停地有三个周期的 A、B、C 类客户在跟进，并对他们的情况了如指掌。这周期可长可短，而阿里直销中国供应商产品的周期大概是一个月。

比如 1 号销售的 A 类客户是甲、乙和丙，而他预测每位客户在下个月下单的可能性为：甲——80%，乙——40%，丙——20%，那么他的预测就成了：0.8+0.4+0.2=1.4 单。

销售主管在预测过程中有一个重要角色，那就是给每一位销售的预测提供一个"信心指数"，指数最低为 0（即完全不相信），最高为 1.0（即完全相信）。假设销售主管对 1 号销售的信心有 80%，那么，他给 1 号销售的信心指数就是 0.8，1 号销售的预测 × 信心指数就是：（0.8+0.4+0.2）×0.8=1.12。

当时，每个销售主管负责带领十个销售（销售主管亦称"十夫长"），每月底销售主管都跟每位部下做这项工作，并把自己小组的预测上交区域经理（简称区经）。区经每月都和他带领的十个销售主管分别讨论这些预测，并给每个主管一个信心指数，然后上交总部或大区经理，作为他所负责的区域下一个月的预测（见图5-2）。

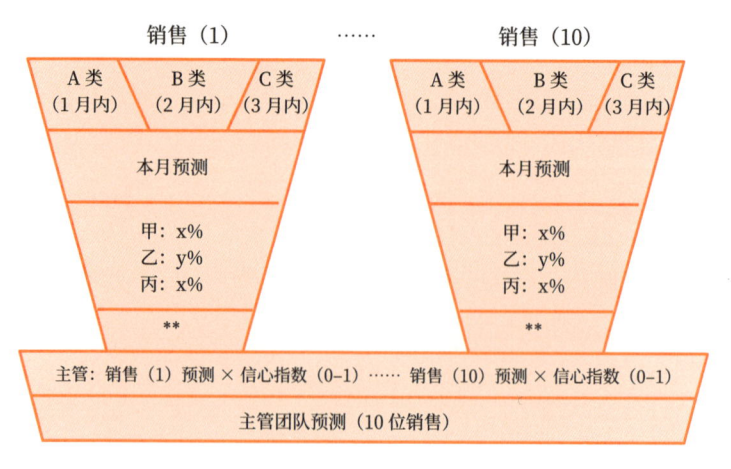

```
         销售(1)          ……         销售(10)
   ┌─────┬─────┬─────┐         ┌─────┬─────┬─────┐
   │ A类 │ B类 │ C类 │         │ A类 │ B类 │ C类 │
   │(1月内)│(2月内)│(3月内)│         │(1月内)│(2月内)│(3月内)│
   ├─────┴─────┴─────┤         ├─────┴─────┴─────┤
   │    本月预测      │         │    本月预测      │
   ├──────────────────┤         ├──────────────────┤
   │   甲: x%         │         │   甲: x%         │
   │   乙: y%         │         │   乙: y%         │
   │   丙: x%         │         │   丙: x%         │
   ├──────────────────┤         ├──────────────────┤
   │      **          │         │      **          │
   └──────────────────┘         └──────────────────┘
```

主管：销售(1)预测 × 信心指数(0-1) …… 销售(10)预测 × 信心指数(0-1)

主管团队预测（10位销售）

图 5-2　销售管理要点之如何做预测

5.2　业绩管理

5.2.1　如何做业绩管理之 PDCA

通过预测把下个月目标定好之后，就要专注去执行，中途要检查进度和分析/调整，在阿里这叫作 PDCA，如图 5-3。P 就是 Plan，计划；D 就是 Do，执行；C 就是 Check，检查；A 就是 Analysis/Adjust，分析/调整。

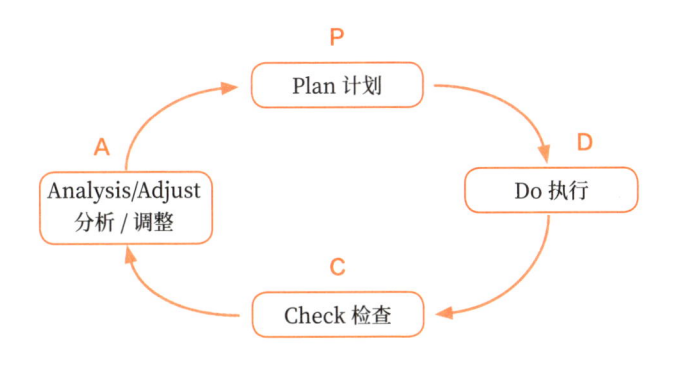

图 5-3　如何做业绩管理之 PDCA

销售天天去拜访客户，好保证目标 A 类客户当月签单；而主管每天要帮助他的十位销售做 PDCA 去保证大家每月达标；在区域层级，区经每周跟每个销售主管做他们小组的 PDCA。这样一直到每个大区及公司总部高层，这个 PDCA 成为每个人每个月专注的头等大事之一。

还有一个很重要的问题就是：销售结果数据谁说了算？经过不少讨论，最后决定由财务说了算，只算每月最后一个星期五下午五点半前到账的金额，不准时到账的单子不能算当月的业绩。

5.2.2 PDCA 之每月的"扒皮会"

当年中供直销团队每月的头等大事,就是由李琪主持的 PDCA 例会。通常挑一个区域为会议主家人,为期一天,所有区经必须参加,CFO Joe(首席财务官蔡崇信)或他的代表,人力资源的主管彭蕾和我都必然列席。

开会前,财务的朱碧霞会把每一个区域的预测和实际达成的数据报表(包括区域整体及区域内每一位主管和他们小组每一位销售的数据)提早一两天发给大家,这样每个区的情况就无所遁形了!

我们通常请当月表现最差的区经首先发言,因为需要多一点时间去问问题,帮助他找到差的原因,也帮助他明了改进的方法。比如,业绩不达标,是策略问题,团队执行力问题,还是其他?若是执行力不足的问题,团队为何不执行?是销售没选拔好,销售不知怎么做,还是抚平拔尖没做好?若是抚平拔尖没做好,知道优秀的区经是怎么做的吗?下个月打算怎么做?……总之,要一路追问到根因,并帮他明了改进方法。

因为数据清晰透明，可以深入讨论区经、每一位主管、每一位销售以及每一个客户的情况，很多不足之处亦一目了然。在公司高层前清楚看到自己和自己团队的不足是很有挑战性的事，虽然我们力求"批评从肯定开始"，如先肯定他有带队达成业绩目标的意愿，再追差距问问题，但是，对于人生首次接受这种洗礼的一些区经，这个过程还是不好受，会后哭着离开的同学大有人在。所以这个每月一次的 PDCA 例会又名"扒皮会"！

除了公司层面每月一次的 PDCA "扒皮会"，区域内部区经、主管、销售每周每天也在 PDCA。这个对事不对人的 PDCA 方式帮助了无数阿里销售成功地蜕变为顶尖销售，亦帮助了很多主管和区经带领他们的团队不断提升战斗力，大大地提升了预测的准确性，缩短了周期，这也成为阿里从游击队走向正规军的一个法宝！

5.2.3　如何做业绩管理之 CRM

还有一个对支持业绩管理很重要的系统，就是"客户关系管理系统"（CRM）。当年市面上这种管理软件也不少，但价钱也不便宜，所以最后我们决定自己来个量身定做，这责任就落在工程部的主管黄建勋身上。因为他不懂销售，所以做了一件破天荒的事：他带着两位工程师去区域当了三个月的销售，以亲身了解他们天天面对的问题，以及 CRM 如何在方方面面提供帮助，而不是牵制！这种反客为主及换位思考的思维方式，让他们非常成功地创造了为我们直销团队量身定做的 CRM。

这个 CRM 很受众多销售欢迎，被广泛使用，他们把客户信息、拜访记录、回访预约 / 提示、客户分类、预测及下单记录、续签提示等等都输入公司 CRM。随着这些数据的不断录入，公司 CRM 能帮助销售加深对客户的了解，提升销售目标设定的合理性，提升销售工作的计划性，提升分析改进的效率，最终提升他们的业绩。

这个 CRM 一方面是每位销售的好助手，一方面把这些宝贵客户资源牢牢掌握在公司手里。因为种种原因，销售的流动性往往比较高，有了完善的 CRM 才可以避免因为销售的离开而导致客户同时流失的问题，销售主管可以马上把要离开的销售的客户从他 CRM 里转到其他销售的 CRM 去跟进，达到了"铁打的营盘流水的兵"的效果。

最后，我们对业绩管理稍作总结：

销售新兵在杭州总部参加为期一个月的"百年大计"脱产培训后，由他们的主管（班长）带回区域去完成余下的两个月试用期，他们必须在这段时间里最少签一单，才可转正。在这段时间里，主管们用得最多的管理技巧就是抚平拔尖和转换飞轮，努力帮助新销售成功转正。

同时，新销售亦会逐步融入区域的团队标准中，那就是生态共识、行为共识和目标共识，并且准备达到更高的绩效水平。通过客户的累积及建立A、B、C类客户pipeline，新销售自己做每个月的销售预测并为自己的预测负责。最基本的要求是每月一单，连续两个月零单便会被辞退。

在这个阶段，主管帮助新转正销售用得较多的技巧和系统是PDCA、预测和CRM，亦包括陪访观察销售实战表现并提供辅导，帮助销售提升绩效并把握自己的命运！

（六）关于销售策略

6.1 阿里销售策略举例之一：以小胜大

阿里当年最大的竞争对手是环球资源，它早在互联网时代之前已经通过行业杂志的方法，联系外国买家和中国生产厂家，做成很可观的生意，在园林家私、成衣及电子零件等领域都有绝对优势，是众所周知的第一巨头，每年销售数千万美元，市场占有率超过 90%。

阿里这个后起之秀面对这个巨无霸，如何做才能赢？

我们当时亦明白，千万不能跟它正面冲突，在它强大的地盘去抢它的客户，这是与虎谋皮，只会带来不必要的损伤。它的收费是阿里的好几倍，目标客户都是当时规模最大的出口企业，不是阿里可以高攀的。凡事都有两面性，环球资源用心照顾高端大企业，就有很多希望出口的中小企老板是得不到环球资源的服务的，阿里就得到了专攻这一大片无人问津的蓝海市场的大好机会（见图 6-1、图 6-2）。

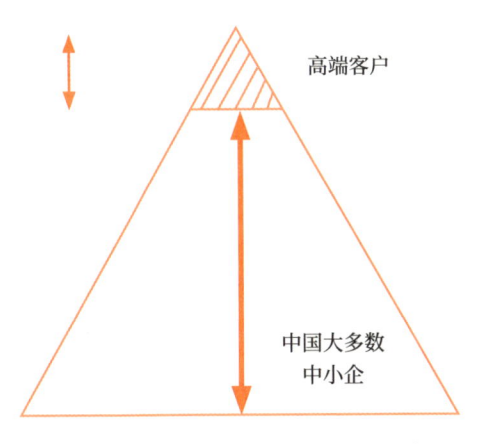

图 6-1 阿里巴巴创立时面临的"蓝海"

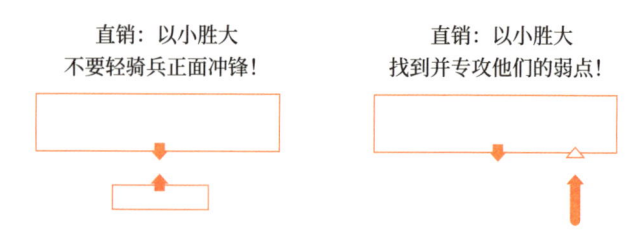

直销：以小胜大
不要轻骑兵正面冲锋！

直销：以小胜大
找到并专攻他们的弱点！

图 6-2　阿里巴巴 B2B 策略执行示意图

除去避免正面冲突，我们在地域和商品领域更采取了"乡村包围城市"的策略，一方面以避其锋，另一方面迷惑敌人不让他们了解我们的去向和市场发展。几年时间默默地过去，当环球资源忽然有一天发现市场真相，知道他们当年不屑一顾的小市场份额原来有这么大，尝试去改变他们只服务高端客户的策略时，已经太迟了！

在历代战争和商战记录中，以小胜大和以弱克强的例子多不胜数，获胜者通常都避免正面交锋保持实力，找到或创造对手的弱点，集中全力以攻其不备，一举成事。阿里在中国市场上亦采取了以小胜大的策略，取得初步的成功，谨供各位老板参考。

小贴士：即使是后来者，成功也有方法。不直接与强大的对手正面对抗，避其锋芒，走"乡村包围城市"道路，做已成功的对手不愿意做的事，往往就是成功之道。

6.2 阿里销售策略举例之二：吃大象的故事

随着区域团队的建立，大家开始"拔尖"，陆兆禧带领的广东团队率先向每月 100 万元的目标进军。其中有一个小插曲，当时的销售主管可以自己签单的方法被我废除之后，广东团队的业绩连续三个月大幅倒退 30% 以上，这个情况并没有让老陆和他的团队气馁，反而让他们创造了"吃大象"的故事。

这里必须明白"大象"是不可能一口吃下的，他们每月 100 万元的销售业绩也不可能在一个月之内一蹴而至！

有创新性的是，他们指出焦点不应该在那 100 万元的目标上，而应该在我们离这个目标还有多远上。比如我们现在每月有 70 万元，那离 100 万元的目标就"只有"30 万。

因为我们是不可能在一个月内达到这个目标的，下一步就要决定分多少个月去达标，分三个月的话每个月只要多做10万元就可以达标了。

另外，我们有五个销售小组，那么每个月只需其中三个小组每组多拿一单（单价3.3万元），每月百万的目标就可以实现了！

通过团队"吃大象"的思维方式，他们成功地把一个100万元的大目标，逐步变成"只差30万"，到未来三个月每月只需多做10万，以至每月五个销售小组中只需三个小组多做一单的具体方案！（见图6-3）

目标如此细分设定，让团队聚焦到每个月由哪一个销售小组中的哪一位销售多做一单，可行性大幅提升，最终广东销售团队确实在不到三个月的时间里，成为阿里第一个达到每月销售百万的团队。

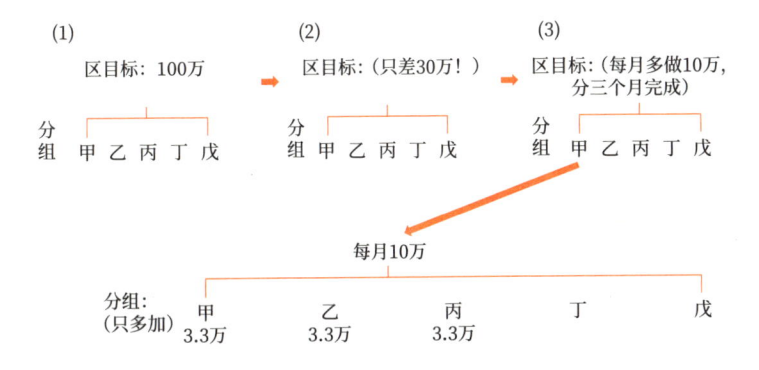

```
(1)                        (2)                         (3)
区目标: 100万    →    区目标:(只差30万!)  →   区目标:(每月多做10万,
                                                          分三个月完成)
分 ┌─┬─┬─┬─┐      分 ┌─┬─┬─┬─┐        分 ┌─┬─┬─┬─┐
组 甲 乙 丙 丁 戊    组 甲 乙 丙 丁 戊       组 甲 乙 丙 丁 戊
                                                    ↓
                                            每月10万
                                    ┌──────┬──────┬──────┬──────┐
                            分组:  甲       乙      丙      丁      戊
                          (只多加) 3.3万   3.3万   3.3万
```

图 6-3 "吃大象"式目标细分示例

其他销售团队马上争相效仿"吃大象"方法，纷纷达到月销售百万的重要里程碑！

此处谨记：销售策略中，目标设定太重要了，要合理可行，要分解到位，不能有"这是马云的目标，不是我的目标"的情况出现。

6.3　阿里销售策略举例之三：客户在哪里？

厦门从每月八万到每月百万的故事

随着广东团队率先达到每月百万销售的里程碑，其他团队亦借助他们的经验纷纷做到每个月百万销售的业绩，唯有厦门团队还停留在每个月销售八万元的水平！

二三十人的销售团队，月入八万元真是连房租、水电及基本工资都不够，那怎么办？

最后我们把山东销售团队的专家梁音从青岛调到厦门，负责领军并寻找走出困境的办法。结果梁音很快就找到问题的核心所在：当时团队总部设在厦门，所有销售都"顺理成章"地驻在厦门，梁音到任后第一件事就是走访客户，很快就发现只有小部分客户在厦门，而大部分客户在其他地方，如泉州、石狮等地。梁音马上改组团队驻点，只留少数销售在厦门，把大部分销售赶到泉州、石狮等有客户的地方长驻，结果不到两个月，形势就扭转了，业绩突飞猛进，达到月入百万的目标，有

"打油诗"为证!

> 人生无处不英雄,劫难辛劳在意中。
> 喜逢高处言山小,落魄低佪隔万重。
> 彩鸦尚有枝头志,凤凰无惧浴火龙。
> 八闽英豪登高日,百万从此变轻松。
>
> Savio

此处谨记:目标客户在哪里,我们就应该在哪里。贴近客户、了解客户、帮助客户,是销售的使命。分析情况,在迷茫中给团队指路,是主管的使命。

从以上的案例可以看到,销售策略跟其他策略一样,不是怎样做而更是怎样赢!

阿里中供直销团队以小胜大的案例很清楚地说明了"先避其锋"、"绝不跟风"及"闷声发财"的步骤。以小对大,切忌正面冲突,否则灭亡的可能性很大。《孙子兵法》有云:"故善战者,立于不败之地,而不失敌之败也。"跟风就是抄对手的模式，在敌强己弱的形势下，发展机会是有限的，因为对方是先行者，早已占尽优势，除非对手犯错，否则我们用同样模式而后来居上的机会是有限的。当时阿里采用的乡村包围城市、聚焦小公司和不同产品领域就是这个策略。我们静悄悄地把对手放弃的中低端市场份额迅速地拿下并规模化，到对手醒觉时已经太迟了。

广东团队"吃大象"的策略用逆向（不是一百万而是还差多少到一百万）和分期（不是马上而是分三个月）的思维方式把问题细化到团队所有人都明白的"如何赢"——未来三个月每月有三组要多出一单！

厦门的新主管一上任便马上去了解客户在哪里这个基本问题，并立即重组销售团队的地区分布，解决了以往资源错配的问题，很快就取得了成功！

（七）关于激励

最好的销售激励是什么？奖金？奖品？奖牌？赞扬？毫无疑问这些都是公司常用的工具，并有一定的效果；同时，我在阿里团队建设的过程中发现了另一种激励——可能是最好的激励，那就是同学们自发的对卓越的不停追求！

这跟阿里的文化是分不开的。首先是早期独孤九剑的开放和教学相长，没有开放和教学相长的价值观，很难推广抚平拔尖去帮助每位销售，特别是在团队成立初期走出成功的第一步时。当初，阿里中供还没有品牌，没有老板愿意见我们的销售，销售常有挫败感，所以，每天晚上开例会时，见到老板的同学分享其经历经验，对没见到老板的同学而言是激励（"他能做到我亦一定能做到！"），对分享经验的同学而言是成长也是价值观践行。有些经验我们还会通过内网散播到全国，激励更多销售，全国的同学们一起互助学习成长。

另外，一个关键的阿里价值观就是"今天最好的表现是明天最低的要求"。严格说来，这本来只是独孤九剑中"质量"的半剑（另外半剑是客户满意），但是很受大家欢迎，天天在讲，天天在用，并发扬光大，后来这半剑成为阿里文化新六脉神剑中的一剑！

这一剑的精神让阿里同学们每天创造比昨天更高的目标，并持之以恒。今天有同学见到老板，那么明天就会有同学签单了，这些信息及如何做到广为分享学习之后，又会有更多同学做得更好。大家天天都拼命去做得更好。区域每月根据本地情况做指标（Quota），做出来之后马上就有人打破了，这样就有人提议要把指标提高，不是主管提议，而是销售同学们主动提议，而且随后确实做得更好。

这些力量都是自发的，因为大家都喜欢不停地挑战和超越自己，公司和主管只是提供条件和支持系统，如抚平拔尖、预测、CRM 和内网分享工具等。所以，没有力量比自发的力量更厉害！

7.1 激励案例之一："百万俱乐部"——激励能手

2001 年我们头三名的顶尖销售都是女同学，年销售额都超过了 30 万元，其他同学销售业绩徘徊在 20 万元左右。当时我说服董事局从 1000 万美元调低到了 400 万美元的目标也未能做到，还差 35 万美元，这也成为我职业生涯中的唯一一次不达标！

记得 2001 年末我跟马云爬上杭州玉皇山，在山顶的庙里，我们两人开了一整天的策略会议，每人要了一杯龙井茶，马云带了一大包瓜子，我们边吃边谈，一直到日落西山，我们的龙井茶冲淡成西湖开水！但这个会收获很大，因为阿里的"赚一块钱"的策略就起源于此。

马云这个"赚一块钱"策略很容易明白，更让所有阿里人都认同并觉得自己可以出一份力去达标。前台多卖一块钱，后台多省一块钱，大家都对赚这一块钱充满认同感和信心。这不再是马云的1000万美元，而是属于大家的赚一块钱！

为了达到规模化并鼓励销售更上一层楼，我推出了"百万俱乐部"，就是说只有年销售额达到百万元的同学才可以成为会员，尊贵无比！

老实说当时大家心中都没底，因为100万元的年销售额实在是一个大数目，需要是当时顶尖销售30多万元年销售额的3倍，更是当时一般销售的4~5倍，也就是按当时中供的3.3万元单价拿30单以上才行！

但是经过抚平拔尖洗礼的销售，很快就接受了这百万俱乐部的挑战，贺学友更扬言一百万不是目的，他要更上一层楼做百万俱乐部的冠军。"江南七怪"之一的黄榕光说他的目标更简单：每天签一单，这样下来他一个月就可以达标！

这样努力下来，2002年的8月22日终于传来捷报："黄榕光到百万啦！"还记得当时是中饭时间，我和大家一起排队领公司派的盒饭，当我和马云共同的秘书岳屏带来这喜讯时，我吓了一跳，差一点没把手上的盒饭丢到地上。当时大家都很高兴，我抢先请马云给黄榕光发贺电，但他说这个贺电若是来自我会更有意思。我一时兴奋就给黄榕光写了一首"打油诗"，祝贺他成为百万俱乐部的第一位成员，结果不到十分钟他也在内网上给我回了一首中英夹杂的"打油诗"，一时在内网疯传。当时我也没有想到，这两首打油诗非常意外地创造了阿里的"打油诗"文化。

> 夏末秋初胜未分，各地群雄竞争临。
> 日进一单黄夫子，百万会员第一人！
>
> > Savio
> >
> > 2002年8月22日

> 南粤大炮轰轰响，无数老板直叫爽；
> 阿里春风吹过处，报关出货收钱忙。
> 顶级团队巧布阵，前锋同仁齐拍掌；

若问全年 Top 奖，独领风骚定属黄。

黄榕光

2002 年 8 月 22 日

随着第一位百万俱乐部会员的诞生，我们很快就有其他会员如罗建陆、王刚、贺学友等纷纷成功登场，基本上各大区域如山东、福建、江苏、浙江及广东都有代表，不下十五人。结果，我给这十五位百万精英每人都写了一首属于个人的"打油诗"，祝贺每一位百万俱乐部成员的诞生。想不到的是，这些"百万打油诗"竟然在内网上广为流传，俨然成为百万俱乐部会员的身份印证。另一方面同学们也开始将互发"打油诗"作为相互沟通的方式，好不热闹！

7.2 激励案例之二："我和马云有个约会"——荣誉至上

记得当年百万俱乐部成功创立并招收了十五位会员时我好不兴奋！其中一项活动就是大家跟马云一起出游海南岛，在经年辛勤打拼并取得初步成功后有休息充电的机会实在十分难得。很快短短的周末出游又到尾声，在回程机场候机楼大家已经开始讨论自己下一年的个人目标，基于"今天最好的表现是明天最低的要求"之阿里文化，这些讨论的起点当然是上一年的100万元。

其中最不服气的同学就是老贺，因为他本来目标是全国冠军，但最后140多万元的业绩只能在罗建陆、黄榕光和王刚之后排第四。老贺一时气冲，居然跟马云和我说他明年的目标是做今年全年业绩的十倍，哪怕粗算，也是不可思议的1400万！

我们当时都害怕老贺一时激动把目标定得太高，最后达不到反而打击他的信心，就在候机楼上演了一幕马云和我们高层一起说服公司顶尖销售降低他明年十分进取的目标的不可思议的动人故事！结果，马云和老贺就有个约会：老贺若率先做到每天一万及全年冠军，可以挑选亚洲（日本除外）任何酒家与马云共进晚餐，也可选择去马云家享用他亲自下厨烧的独步天下的马家菜！为了老客户第一及避免老贺饥不择食，马云给老贺增加了一个条件（续签率不能低于85%），不然老贺必须只穿短裤游过西湖并绕湖走一圈，时间及季节由马云定……大约在冬季！

结果老贺用他首创的"群销"模式（见前文）很快就超越每天一万的目标并以 600 多万之业绩成为全年第一。但他的续签率只差一点未到 85%。目标是严肃的，没做到就是没做到，约定也是严肃的，马云毫不犹豫地在杭州隆冬要求老贺履行西湖之约，当天众多阿里同学冒寒到西湖一角为老贺打气，在岸上大力支持老贺游湖及跑湖之壮举！

7.3 激励案例之三："启动大会"——提升士气

2002 年初我们召开了阿里第一次启动大会，把全国各地的所有同学集中在杭州总部开全体员工启动大会，分享去年的报告及今年的目标和策略，也趁机让所有同学一聚，做一下团队建设及交流。团队建设采用由各团队自由发挥表演他们自编自导自演的节目的形式，公司高层，包括我们四个"O"（CEO 马云，CFO 蔡崇信，CTO 吴炯，COO 我）在内都要上台表演。所有彩排以不影响工作为主，都在下班后进行，不一定由团队高层指挥，通常是由这方面最有才华的同学编导并当教练，大家（包括高层主管）都努力参与，乖乖跟随！通过这个机会，很多平时深藏不露的才华就适时释放了出来：歌曲、乐器、舞蹈、杂技、话剧、笑话等等五花八门好不热闹！

启动大会在团队建设上起了莫大的作用。通过深入沟通，大大加深了全体员工对公司现状的了解，让他们看到了前景和希望，通过个人参加表演、跟自己的队友合作创造，大大缩短了员工之间的距离，提高了向心力、凝聚力和归属感。各部门亦马上利用这大好机会，跟自己团队落实全年目标及分工等，充满信心地整装上路！当时对计划有担心的同学事后看到团队战斗力在大会后显著提升，还问我可否每季都搞一次！

启动大会的另一个意外收获就是引发了阿里的"秀"文化，原来高手在民间，很多同学平时深藏不露，实际这么厉害，真是令人意想不到！阿里亦为此推出每年大会的演艺大奖，相当于我们自己的金像奖，能在高手林立的大会上拿到这个奖是莫大的殊荣。

7.4 激励案例之四："欢乐时光"——不忘初心

早在初创之时，阿里就已经有"混费"之设定。就是每位员工每月除了薪金预算还有二三十块混费备用。每过几个月主管可以把小团队每人累积的混费领出来，大家拿这笔钱一起去混，轻松一下，如果其间有同学因迟到等有罚款的"贡献"，更可以上卡拉OK"腐败"一下。

随着公司的发展和团队的成长，我们开始组织全体员工出游，也曾在雁荡山、千岛湖等胜地留下阿里同学们的足迹，一直到员工数目增长到全公司一起出游无法安排为止。那时，我们化整为零，开始举行各大部门或大区全体出游，保持勤奋工作不忘娱乐的初心！

（八）浅谈奖惩

8.1 奖励之加减法

8.1.1 减法

在这个管理非常重要的时代，最大的误区就是用减法去进行奖励。陷在误区中的老板们通常都提供一个看上去不错的收入，但往往附带一大堆条件，如若达不到这些条件，便会逐一扣减收入。甚至有些不为他们所控的条件（比如利润是不为销售主管所控的）也会导致收入的扣减（见图 8-1)。

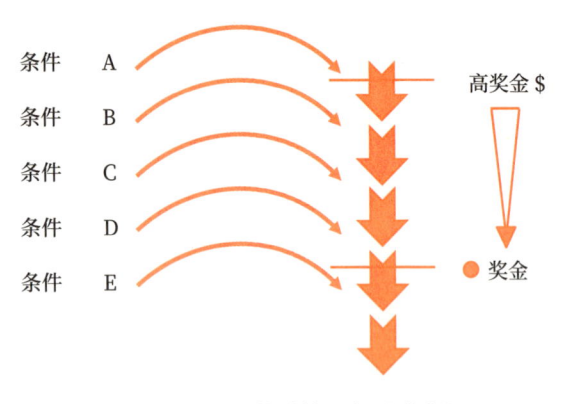

图 8-1 奖励管理之"减法"

乍看这图还不错,因为奖金数量是明确的。但问题出在 A、B、C、D 等那些减法大大增加了奖金的不确定性;减法的另外一个问题就是缺乏激励,因为减法基本上是和激励背道而驰的。

这里最基本的就是,在正常情况下,惩罚只会让人不做你不想让他做的事,只有奖励才会让人去做你想让他做的事!所有家长都知道罚孩子是罚不出好成绩来的,只有奖励才会成功;而最好的奖励通常不是糖果或玩具,而是让孩子做他喜欢的事,孩子喜欢游戏,聪明的家长便会用游戏的方式去引导孩子学习,这个做法往往事半功倍。

8.1.2 加法

在奖励管理上比较有效的模式是用加法，也就是说在合格的工作表现的基础上，有机会逐步攀升并多劳多获（见图 8-2）。

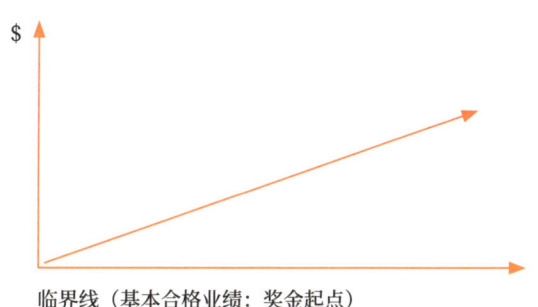

图 8-2 奖励管理之"加法"

临界线（基本合格业绩：奖金起点）

这里，重要的是基本"临界线"，也就是基本完成目标线，代表公司付出的基本薪酬及期望得到的基本绩效表现。普通员工就是底薪，在公司收益较好的年度，可能曾拿到比传统的一个月工资更多的年终奖金。前线销售底薪比较低，收入通常靠销售奖金或提成，和业绩直接挂钩。

不同的管理层会有不同层面的指标，例如，生产除了满足基本生产要求还有其他可控的重要指标，如效率、成本、储存、质量及交付等等。财务除了满足基本财务管理要求，也有其他可控的重要指标，如现金流、内控及提供准确及时的财务管理数据等等。其他主要部门如人力资源、销售、产品等都有各自可控可量的多项重要指标。这样每位重要部门主管就有多于一个单一指标（见图 8-3）。

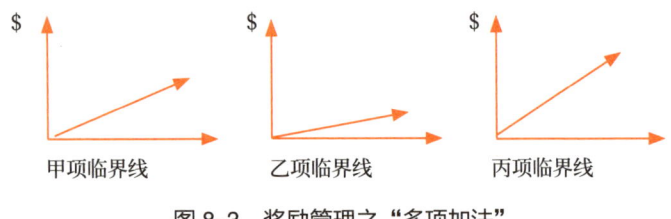

图 8-3　奖励管理之"多项加法"

8.2　通过预测做年度计划

在奖励计划系统中，另外一个重点就是预测，每个部门主管必须对未来十二个月的业绩及其他主要指标的达标范围有非常清楚的掌握和计划。有了这重要的基础，老板才可以跟每位部门主管讨论下一年业绩计划及如何用多重加法去提升这些重要指标。老板用这种方式跟每一位部门主管定好下一年的计划和提升目标，就开始把公司拧成一股绳，帮助每个部门掌控自己的命运，成为公司不可或缺的一分子，和公司一起掌控自己的命运。

每位部门主管对自己可控的资源和战斗力（生产力）都很清楚：有多少销售及年度可预测的业绩，有多少产品设计及年度可预测的新产品产出和增长，有多少生产线及员工去完成年度可预测的产量和质量水平，等等。

每位部门主管对自己部门的业绩和战斗力是心中有数的，特别是如何保证达到"临界线"基本目标以及超标的可能性，需要增添的资源（人力、物力、财力）及奖励等。

老板的工作就是保证每一个部门最起码都达到"临界线"，进而保证全公司整体达标。所以，部门分工和资源分配很重要。比如，销售资源充沛、订单高速增长但生产跟不上以致供应不足或质量不符，那可是灾难性的。反之，生产力远超销售订单可能代表更基本的成本问题，直接影响公司的生死存亡！

每位老板都可以利用年度预算系统，把全公司的力量，通过各部门预测和业绩考核及以加法为基础的奖励系统，全面聚焦于达到策略目标的大事上。比如，公司明年的策略目标为针对新市场（地区和细分目标客户）机遇推出新产品并全面提升市场占有率，那么产品开发、工程技术、市场营销、原料采购和生产等部门的个别业绩考核设定都必须反映策略性的要求（见图8-4）。

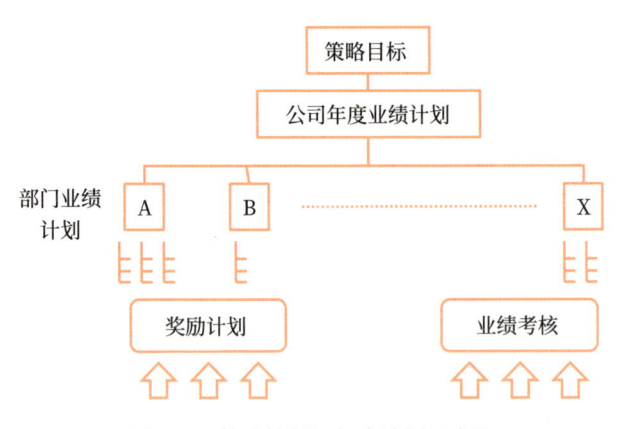

图 8-4　策略性制订年度计划示意图

记得当年我和 Joe（当时的 CFO，现为集团执行副主席）一起帮助各位同学去设计和建立这个每年度都必须做的"年度预算"，帮助大家走出"拍脑袋"和自顾自拼命的摸索模式，并让各位同学大大提高自己部门的团队战斗力，提高跨部门透明度和合作能力，帮助公司走上正轨，这个过程仍然历历在目。

8.3 关于罚：丑话当先及高压线

惩罚最重要的就是没有例外，跟奖励的原则一样，事先大家都要很清楚达到什么水平有什么奖励，犯了什么错误有什么惩罚，十分透明而且没有例外。

8.3.1 丑话当先

在业绩考核管理过程中一个重要的原则就是丑话当先，老板必须在常规过程中实话实说，好让部下清楚了解自己的情况及需要改善的地方，千万不要因为不好意思或不想批评让对方难堪，而把事情轻轻带过，以至问题变成严重事故才不得不处理，此时对对方和对公司是严重多输。这种状况在各行业中小企中亦实属常见，不少老板没有定期跟下属做业绩考核的习惯，很多时候只是走走过场，往往搔不到痒处，没有定论或改进计划，让本来可以防患于未然的问题继续发酵下去。

记得我到阿里初期，亦曾经面对一项类似的个案，因为主管一直不好意思对员工丑话当先，员工亦一直认为自己业绩表现不错，所以，到头来主管向员工摊牌并告知事情已经到了要开除的严重程度时，员工不知所措，爆发了强烈的情绪。这件事情闹得很大，我亦和阿里其他高层参加处理这个问题并做善后工作，成本不可谓不高。所以，大家汲取教训，有了丑话当先这个经验总结，它也成为管理培训之一环。

8.3.2 高压线

在奖惩及业绩管理中，与丑话当先相辅相成的就是公司的高压线，高压线亦是公司必须对每一位员工言明的事，而且要在入职之初甚至在面试的过程中就说清楚。顾名思义，高压线就是碰不得的线，因为只要你碰上便会造成极其严重的后果！在很多中外公司这些往往和当地法律或个人与公司利益冲突有关，比如行贿受贿、与竞争者串谋、利用内幕消息交易牟利等违法行为，或其他不诚信或损害公司利益的行为，如挪用公司资产、欺骗客户、虚报业绩等，只要确定，不管你职位多高，通常都要遭受实时解雇或同步法律制裁的处分。

每个公司的高压线都不太一样,要看公司的价值观而定,在阿里,每位同学都很清楚以诚信为基础的几条高压线,如,行贿、受贿和欺诈都是碰不得的。还记得诚信通成立之初,各位电话销售的同学都拼命地要超越中供直销团队百万俱乐部的成绩,也成功地提前两个多月创造了首批百万俱乐部成员,真是一时瑜亮!早期达到百万目标的一批同学中,有一位相当勤奋,每天早上不到 8 点,在大家都还未上班时就已经到达公司开始一天忙碌的电话销售工作,殊不知他这个早到的习惯背后真正的原因被当时诚信通的主管戴珊发现了,并被抓了现行!除了用电话销售的主要途径,当时诚信通还使用网络自动销售程序并成功地获得小部分客户自动下单,订单传真到诚信通本部和其他电话销售的单子一起处理,这位不诚信的员工每天大清早到公司,趁大部分同学还未上班及无人注意,把前一天晚上通过自动程序发来的订单神不知鬼不觉地据为己有,这种以欺骗方式自肥的行为是逃不过关的,他马上被开除,永不再录用,并丧失了赚到的所有股票期权,可谓损失惨重。因为他要马上离开公司,戴珊还把他拿到的我给他写的百万打油诗收回以儆效尤!

自查清单

好的思考来自好的问题。本章的好问题来自"通过别人拿结果"的说文解字。

1. 关于"如何拿":
1) 我是怎么拿结果的?日常管理中我通常在做什么?
2) 我的团队都是什么状态?是被动的,主动的,还是抢着做?

2. 关于"别人":
1) 我是如何建设团队的?是如何决定这个岗位的胜任标准的?除了必备的显性的知识和技能,我是否对潜在的价值观和性格等有明确的考量?
2) 我这些标准,是否和重要的主管达成了一致?他们是否也充分明确,并且也有良好的"要什么"的理性习惯,舍得花时间?
3) 我是"光用不教"吗?还是"教少了"?我对下属成长的情况是否满意?我做了什么去培训和发展?

3. 关于"结果":

1) 我有良好的 PDCA 的习惯吗？一个周期多长时间？每次 PDCA 完了，再进行下一个 PDCA，我发现大家有明显的进步吗？

2) 我的奖惩是否明显鼓励了先进也激励了后进？团队的"得失心"健康吗？是否一直都在挑战高目标？

3) 每隔一段时间，我都能发现"冒尖"的人才吗？

叁

卓越领袖力的养成
——重视企业文化与人才梯队

(九) 企业文化建设是基业长青的土壤

过去有不少传闻说阿里的文化是我从 GE 带进来的，这实在是误传。因为，阿里文化早已存在，我的角色只是帮助她系统地梳理好并执行起来，发挥她应有的功能！

还记得我和 Joe 在 2001 年 1 月 6 日从香港飞杭州履新后，马上去跟各员工交谈并了解公司情况及各位同学的感受。13 日星期六早上，我们四个"O"（CEO 马云，CFO 蔡崇信，CTO 吴炯和 COO 我）还有彭蕾和金建杭两位创始人在马云办公室外聊天，听马云在滔滔不绝地讲述阿里巴巴文化有多厉害，我就问了他一句话："我们这么厉害的文化有写下来吗？"听到这个问题后马云停了下来，想了一下后问我："如何写下来？"我说，"目标、使命、价值观"，马云马上说"80，10跟1"，并说了"成为持续发展80年的企业，成为世界十大网站之一，只要是商人就一定要用的网站"。我马上把这些写在旁边的玻璃白板上，并问："使命呢？"马云马上说："让天下没有难做的生意！"我马上再问："价值观呢？"马云说："我们有很多价值观。"金建杭从马云办公室拿出一沓纸，有好几十张，都是马云讲过的有关公司价值观的记录，我把这沓纸的一半给了彭蕾，我们就把上面所有的内容转记在玻璃白板上，然后我们六个人花了七个小时终于成功地把这些内容提炼出九条价值观。大家因为站着讨论了这么长时间，都有点累，而且脑袋都有点"糨糊"！我和马云都是金庸迷，看到提炼出的这九条价值观，不约而同地说"九阴真经"，但马上又都觉得不对，因为这往往让人想起梅超风的九阴白骨爪，马云比我更快地说出了"独孤九剑"，我们就这样第一次写下了阿里巴巴价值观的命名！

跟大家一起吃过晚饭后，我回到招商宾馆的房间（一个每天120元人民币的"四面通风八面玲珑"的住所），思考独孤九剑并尝试用"创新"和"系统"两轴去分拆这九剑,便很快得出九剑的分布(见图9-1)。

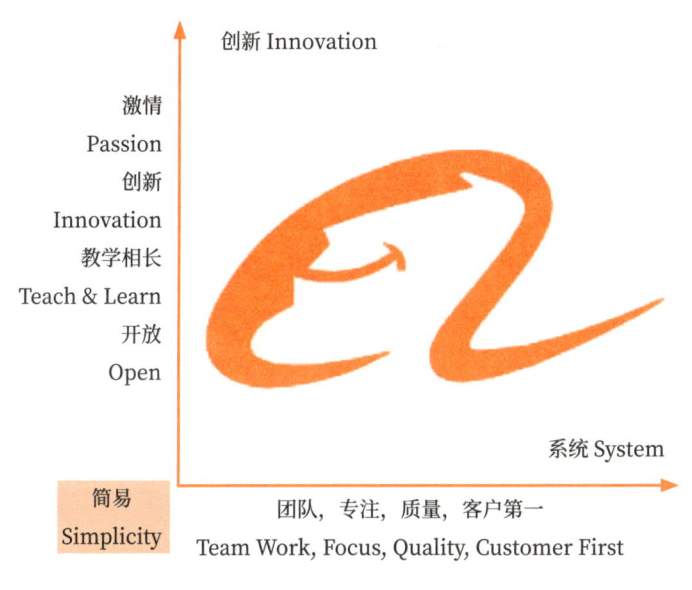

```
创新 Innovation
↑
激情 Passion
创新 Innovation
教学相长 Teach & Learn
开放 Open

简易 Simplicity    团队,专注,质量,客户第一
                  Team Work, Focus, Quality, Customer First
                                              → 系统 System
```

图 9-1　阿里巴巴价值观之"独孤九剑"

独孤九剑确定之后,彭蕾在这九剑代表什么行为上做了大量的工作,并为文化价值观在公司的生根及发扬光大建立了强大的基础。她把每一剑的行为分成五级——从第一级入门循序渐进到最高的第五级,也就是说为九剑创造了 45 级很清晰的行为界定,并得到公司高层管理团队广泛的支持。比如,"客户第一"的五级行为准则如图9-2。

> **客户第一**
> ——客户是衣食父母
>
> ▶ 尊重他人,随时随地维护阿里巴巴形象
> ▶ 微笑面对投诉和受到的委屈,积极主动地在工作中为客户解决问题
> ▶ 与客户交流过程中,即使不是自己的责任,也不推诿
> ▶ 站在客户的立场思考问题,在坚持原则的基础上,最终达到客户和公司都满意
> ▶ 具有超前服务意识,防患于未然

图 9-2 "客户第一"的五级行为准则

在彭蕾成功制定九剑的行为准则并得到高层管理团队的认同后,下一个重要环节就是把九剑的行为准则推广到每一个阿里人的日常行为中。因为有了清晰的行为界定,大家很自然地采用了业绩和价值观各占一半的绩效考核方式,即绩效得分 = 业绩得分 *50%+ 价值观得分 *50%。每季考核一次,第一次考核在 2001 年 4 月。

考核有个规矩，就是直接主管对下属进行绩效考核时，他自己的主管和有关人事部代表必须参加。这个 1 over 1+HR 的规矩，是要保障在"人"这个头等大事上没有任何一位主管可以只手遮天，让每个同学都得到公平待遇（见图 9-3）。

1 OVER 1 + HR

与人有关的几件大事，如聘任、开除、奖、惩、升迁，必须由直接主管会同主管的直接上司及人力资源与员工面谈

图 9-3　阿里巴巴绩效考核之"1 over 1+HR"

过去阿里巴巴绩效考核的经验表明：主管和员工保持顺畅和开放有效的沟通至关重要。因为考核不是障碍赛，而是一个帮助主管和员工互相了解、提升效能的系统。主管天天都应该去了解员工并发掘他的强项，帮助他克服不足，提升战斗力，从而有更优秀的业绩和更好的前途。绝对不能等到绩效考核或评定的会议上，才尝试做这些每天都应该做的头等大事！

在这个绩效考核的制度下，业绩和价值观都最优秀的同学为"明星"，他们是公司培养和晋升的对象；业绩和价值观都最差的同学为"狗"，他们属于被淘汰之列。大部分同学在业绩和价值观方面都很优秀，他们是公司"牛"，亦即中坚分子；业绩很差但价值观很优秀的同学是"小白兔"，公司会出力培训和发展他们，帮助他们变成公司的中坚分子；还有最后一批业绩很优秀但价值观很差的同学叫"野狗"，我们是想尽办法不让他们进公司的，因为"野狗"会"咬人"并会传染"狂犬病"，用他们会危害全公司的安全，得不偿失，公司若有这样的"野狗"，必须"杀无赦"（见图9-4）。

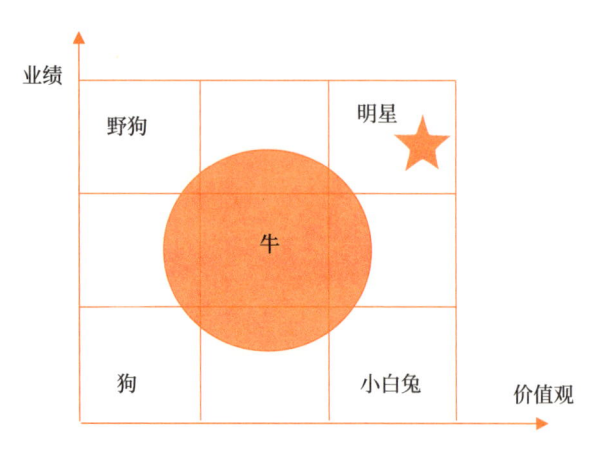

图9-4 绩效评估之员工评级

我们的独孤九剑 2001 年 4 月全面推出后一直使用到 2004 年。那年秋天，公司邀请了 200 多位同学跟马云及其他高层管理人员开了一整天的"焦点访谈"闭门会议，成功提炼出更浓缩的"六脉神剑"，如图 9-5。

```
               客户第一
              Customer
              comes first

      团队协作        拥抱变化
      Teamwork        Embrace
    and Cooperation   changes

              诚信
            Integrity
   激情                    敬业
   Passion            Honoring your job
```

图 9-5　阿里巴巴价值观之"六脉神剑"

六脉神剑在客户层面是"客户第一"，在公司层面由"团队协作"和"拥抱变化"做主角，在员工层面我们要求有"激情"、"诚信"和"敬业"！

2019 年，公司成立 20 周年之际，经过有规模的员工讨论提炼，公司发布了"新六脉神剑"，如图9-6。客户第一始终不变，"新六脉神剑"言明了员工第二及投资者第三这些公司一直习以为常的优先级排序。接着的是支付宝沿用多年的"因为信任所以简单"，"唯一不变的是变化"，"今天最好的表现是明天最低的要求"，"此时此刻非我莫属"以及"快乐工作认真生活"。

使命 让天下没有难做的生意

愿景 "2+1"
经济体愿景
· 活102年
· 2036年目标：服务20亿消费者，创造1亿就业机会，帮助1000万家企业盈利

事业群愿景
· 自主定制

价值观 "新六脉"

客户第一
员工第二
投资者第三

因为信任所以简单
唯一不变的是变化

今天最好的表现是明天最低的要求
此时此刻非我莫属
快乐工作认真生活

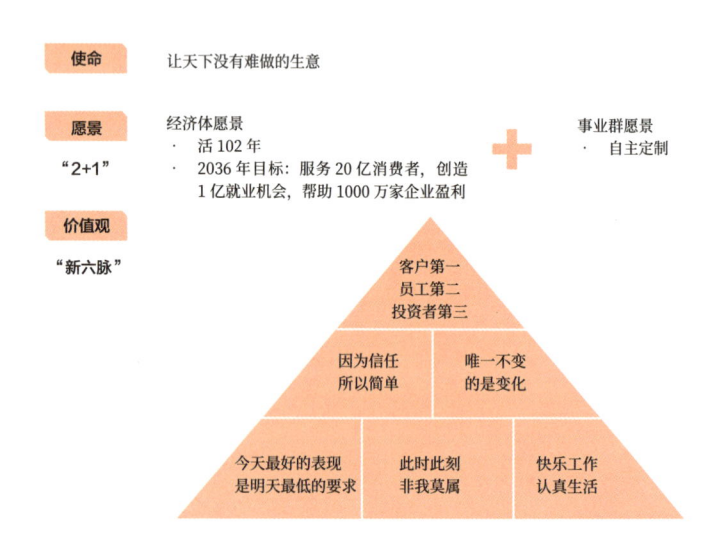

图9-6 阿里巴巴价值观之"新六脉神剑"

从以上阿里巴巴21年发展公司文化的案例看来有如下几个要点：

（1）文化价值观是商业机构用以管治公司的游戏规则而不是道德观念

（2）文化价值观的运作必须基于所有员工都清楚的行为界定

（3）文化价值观的运作必须通过定期培训及与绩效挂钩让所有员工了解、认同、接受并每天应用

（4）文化价值观的推广和持续是公司头等大事，公司高层必须以身作则并执行不怠

阿里巴巴公司的使命"让天下没有难做的生意"充分代表了我们对目标客户"生意老板"们提供的价值主张（无论是出口中小企，内贸中小企，还是电子商务中小企，等等），在提供过程中，我们对员工充分信任，投入大量培训和发展的资源，在非常明确的行为标准的基础上让大家发挥所长并不停地超越自己，也让管理者必须胜任通过别人拿结果的角色。在这个过程中，当时还是小企业的阿里巴巴在互联网的泡沫爆破中存活下来，在初期做中供和诚信通时挑战环球资源，做电子商务淘宝挑战 eBay（易贝），都以小胜大，其中一大关键就是阿里巴巴同学们持续践行阿里巴巴"让天下没有难做的生意"的使命，帮助无数中小企老板取得了成功。而阿里巴巴的同学们之

所以如此笃信和坚守,是受益于高层的示范作用。阿里巴巴对高级主管的以身作则有很高的要求。

希望各位中小企老板也能建设好自己的企业文化。

（十）人才梯队建设是基业长青的手段

最后要跟各位老板提到的就是每一家公司最重要的资源——人才。

很多老板在这方面的困惑源于不清晰的人才策略，那就是在人才方面如何赢？什么是赢？很多时候推动人才招聘是"急需"：某部门急需一个主管不然公司今年便过不了关！某部门急需一个专家不然这个重中之重的项目就会搁浅！某部门急需工程技术人员不然新产品就不能依计划上架！等等。十万火急的事经常发生，让人事部疲于奔命，成为招聘"救火队"大队长！又是紧急惹的祸？还是另有原因？

还记得前文有关善用老板的时间一节提到，除了"救火"，老板应该多花时间在重要但不紧急的事情上，那就是公司如何赢的策略，其中必然包括在人才的问题上如何长久取胜（见图10-1）。

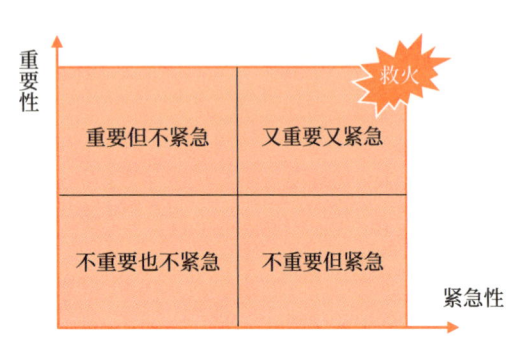

图 10-1　善用老板的时间之策略

就以阿里早期成功建立中供直销团队为例，有了很清晰的目标客户（中小企老板）和策略（乡村包围城市），我们便很清楚地选择了通过"百年大计"的大量投资建立阿里自己的直销"正规军"团队，进而成功战胜了当时市场巨无霸环球资源，人称阿里铁军。

这是一个典型的招"雇佣兵"还是自培"正规军",投资"造血"还是依赖"输血"的策略案例。这方面是没有一成不变的灵丹妙药的。一般来说,基于公司文化价值观及业务的要求,管理团队大多由"自培正规军"一步一步培训发展晋升提拔而成;也有这种情形,即业务急需主管,公司内部又没人才,此时要从外部招聘。也就是说人才的选拔、培训、发展和保留跟公司的成功是分不开的,亦是每位老板及主管的头等大事,这是一个策略性投资的问题,需要老板的专注和正确决定。前文在领袖力讨论章节提及,老板必须从自己做提升到"通过别人拿结果",才有望带领好团队,管理好公司。

当然,要是能够更上一层楼,让"所有人抢着帮你做",那会大大地提升管理水平,但这一层如果没有公司文化价值观的建立,是很难做到的!其中,一个常见的误区就是主管认为"拿业绩是我的事,人的管理去找人事部吧"。这不符合"通过别人拿结果"的原则,亦难以成功,更可能是致命的!

要想经营成功,老板要专注的两件大事就是策略(如何赢)与领袖力（让所有员工帮你去赢！），见图 10-2。通俗一点的说法就是："对外看得清，对内搞得定！"

```
    ↓                           ↓
┌─────────┐                 ┌─────────┐
│对外看得清│                 │对内搞得定│
└─────────┘                 └─────────┘

  ■ 如何赢?                   ■ 统一方向
    ↓                           ↓
┌─────────┐                 ┌──────────────┐
│ 目标客户 │                 │ 目标客户 – 员工│
└─────────┘                 └──────────────┘
```

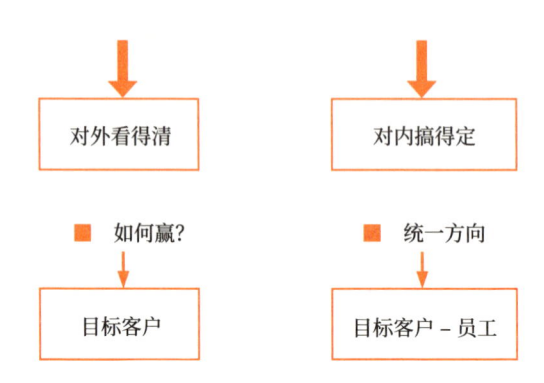

图 10-2　策略与领袖力是老板要专注的两件大事

自查清单

好的思考来自好的问题。本章的好问题涉及回归初心——发展生意发展人。

1. 我们想成为一家什么样的企业？要为社会创造什么价值？我们应该是一群什么样的人？
2. 如果我们应该是这样的人，大家都明确吗？知道该怎么做吗？
3. 我自己的角色有备份吗？我对团队满意吗？我到底投资了多少时间和资源来发展人才梯队？
4. 我发展的梯队，真的都信奉和践行我们的使命和价值观吗？

结语:"不要累"是老板们的长期修炼

老板很累!

这也是我执笔写这本《关乎天下2》的原因。

老板很累源于心累和身累。心累是因为策略不清晰,不知道如何赢,只好拼命做;身累是没有"通过别人拿结果"的工作方式,习惯于凡事身先士卒,亲力亲为。

总的来说,很多老板还停留在创业初期让他们初步成功的模式,而忽略去问过去成功的打拼模式能否继续带来成功,或是否会不进则退。

中小企老板在这方面的成功案例以及阿里成长故事,可以提供一些这方面的借鉴,帮助各位老板减轻或消除"老板很累"这个问题带来的困扰。

最后,分享苏轼的一首诗,此诗名为《庐山烟雨浙江潮》,全文如下:

> 庐山烟雨浙江潮,未至千般恨不消。
> 到得还来别无事,庐山烟雨浙江潮。

对于老板而言,踏上征途感受人生的跌宕和壮阔,是非常"酷"也非常有成就感的事情。但人生的跌宕和壮阔,不仅是风景,更要承受这番疲累。当我们有顿悟,积极采取行动,且持之以恒的时候,庐山烟雨浙江潮定是另一番醇厚的滋味。

附录

（一）我和阿里巴巴的故事

——2016年香港国际创客节"香港+Idea"
高峰论坛精彩发言

各位同学好。

好高兴今天有机会和大家分享一下我和阿里巴巴的故事，大会要求我解释为什么一个不认识互联网的人会进入互联网公司，为什么马云会选择我，这是非常有趣的问题。

2000年的一天，我接到一个电话，是一家猎头公司的老总找我，他说："Savio，你好像很空闲的样子。"他的意思就是我没有什么事要做。他问："你有没有兴趣参加一个公司的工作？"

我说:"什么公司?"

他说:"阿里巴巴。"

我回答:"我没有听过,阿里巴巴是个餐厅吗?还是一个新创的、奇怪的非传统产业?"

他说:"不是,它是一个互联网公司,新经济,非常有趣。"

然后我就问了一个我觉得很重要的问题:"我是一个老经济人,在 GE 工作了十几年,我怎样可以帮助一个新经济互联网公司?我可以带些什么东西给这家新公司呢?"

猎头公司的老总说了一个道理,他说:"马云现在在面试一大批新经济的年轻人,关于新经济马云已经知道很多了,他不需要知道更多。实际上,马云真的不需要新经济,他需要的是老经济的传统系统,需要将一家新经济公司变成一个真正的生意。"他的这句话打动了我,那我就接受挑战去面试了。

大概在 2000 年 10 月，北京的长富宫饭店，马云（我叫他 Jack，他叫我 Savio）、Joe（蔡崇信，我们的 CFO）、John Wu（吴炯，CTO），还有我（后来的 COO）。我们四个人一见如故，聊得非常投机，然后马云就决定聘请我。

后来我问马云："Jack，你为什么会选择我呢？为什么不选择其他人呢？"

我问起这个是在很久之后，当时 Jack 的答案让我出乎意料，他说："Savio，你知道不知道，我一见到你，大概 10 秒钟就决定请你了。"

大家都听说过马云很会选择人，但我都猜不到他 10 秒内就可以做决定。我问："为什么 10 秒钟就决定了？"他回答说："有两个很重要的原因，第一，你准时，我见过的那些新经济人个个都迟到，有一个居然迟到了一天，你就跟他们不一样，他们在国内，你虽然在香港，需要乘坐飞机过来，却能在早上 10 点准时跟我见面。"

第二个原因就更奇怪了，那时是冬天，他居然还记得我进门时穿什么颜色的大衣，他说："你进门脱了大衣外套，把它折好，然后放在窗台上面，才规规矩矩地坐下。如果我是你，我就会脱了外套直接丢到地上，然后跷起二郎腿，抖抖腿，然后才面试。"

这两个原因就让马云决定请我，其实，他就是想说我和他不同。

我加入阿里之后，马云很高兴，他说："Savio，我们有很多钱。"我问："有多少？"

他说："有1000万美元。"哇，1000万美元是很多的钱。

我说："好。"Joe 就说："Savio，我们很烧钱的。"

我就问 Joe："我们烧多少？"他说："每个月大概烧200万。"

我以为他说的是人民币，我说："200万，我们有1000万美元，可以烧很久。"

Joe 很大声地说："是美元！"

大家都会计算，每个月烧 200 万美元，我们的钱只够烧 5 个月，所以我们立即采取行动，就是"杀人放火"，这个"杀人放火"的责任就落在我身上。因为我是新加入的，所以也没有任何顾虑。我们在 30 天之内由中国香港杀到美国，杀到欧洲，杀到亚太地区和中国内地，员工从 300 多人减少到 100 多人，这样每个月烧的钱从 200 万美元变成了 50 万美元。

这时候，我们还剩下 900 万美元，900 万美元给了我们 18 个月时间，去找出一个合适的商业模式，创业一定要有一个商业模式，因为有商业模式才可以支撑企业发展。

商业模式是什么？商业模式就是你做的每一件事情对于你的目标客户来说是要有价值的，而他也愿意付钱，愿意付出价值，这是很重要的。

那阿里巴巴的商业模式是怎么发展的？其实我们当时没有商业模式，只是我们 B2B（企业对企业）的梦一直在。那我们有什么呢？有几个潜在的产品：E-Solution，就是帮别人做一个非常复杂的大型平台，像阿里巴巴这种的平台；Internet Advertising，就是在网上卖广告；还有 Web Hosting（网页寄存服务）和 China Supplier for Export（中国供应商）。当时我们也不知道四个产品中哪一个是撒手锏。

那我们怎么找出这个商业模式呢？我们"杀人放火"以后就开董事会，董事会也很高兴，说："你们'杀人放火'了，终于做了这件事。"先鼓掌鼓了两分钟，马上又问："那你们什么时候赚钱啊？"投资者是很现实的，但是我们那时候也不知道什么时候能赚钱。

开完董事会，我、Joe 和 Jack 三个人就开了一个小会，当时很冷，因为我们很节省，没有开暖气，我们就穿着大衣、戴着围巾和手套开会，这个会的议题是什么呢？议题是："设不设回扣，做不做行贿的事情。"我们都不知道当时为什么会问这个问题，但我们很高兴我们问了这个问题，Jack 既不精通商务，又不精通电子，也不知道什么是回扣，他就开始问很多关于回扣的问题："什么是回扣啊？"

Joe 是很明白的，他是美国耶鲁大学的法学博士。

我也是很明白的，我在 GE 工作了 17 年，对防止行贿的法律 FCPA（《反海外腐败法》）很清楚，大公司的人应该也都知道。

就马云不知道，但是马云很厉害，最厉害的是他永远问最重要的问题。

我们讨论了半天，到最后马云问了一个很重要的问题，他说："Savio，要是我们行贿出了事，谁坐牢？"

我跟 Joe 非常高兴，都指着他。马云说："哇，我坐牢啊！"

"是啊，你不坐牢谁坐牢？"

然后他就说了一句我永远不会忘记的话，他说："Savio，要是我坐牢的话,你跟 Joe 会不会来看我?"

我跟 Joe 都笑弯了腰,然后我说:"Jack,要是你都坐牢了,我跟 Joe 早在里面等你开会了。"

马云说:"好!那我们坚决不能行贿,不能拿回扣。"

我们当时没有一个商业模式,只有几个产品的测试,在测试如何运行大型互联网,帮其他人做大型互联网,每单成交额为几百万元,还帮别人卖互联网广告,提供网页寄存服务,还有一个小型业务叫中国供应商,是帮中小企做出口的。

在当时的环境下,做大型的网站建设一定要行贿,第一批小伙伴出去卖这个东西,回来就说:"对不起,最起码要行贿 5%,有时候是 15%,有时候是 20%,干不干?"

我说:"不干!"不干的话这个产品当然就没生意了。

第二批人说:"我们卖广告的也需要给回扣,一单的成交额如果是 40 万元，你就要开 50 万元的单，然后把钱回扣给他们，要不要这样做？"我说："不准做。"这样广告的生意也没有了。

网页寄存服务我们每单收 8000 元，别人收 800 元，所以也没有下文了。

到最后，我们的四个产品只剩下中国供应商了。中国供应商是做什么的呢？中国供应商是帮助中国的中小企做出口的。开始我们都搞不明白，帮助中国的中小企是我们的目标吗？这会不会也有行贿的问题？最后忽然之间明白了，我们不是在帮助中国的中小企做出口，我们是在帮助中国的中小企老板做出口。想清楚了这个，整件事情就清楚了，老板是不会要求行贿的。

我们当时每单的收入大概是三四万元人民币，老板通常是自己做决定。所以，我们把员工都培训到只为老板打工，就是在这种模式下，我们直销团队从零开始发展到差不多 6000 人。

但是，这么多人分布各地，如何令他们团结一致呢？如何让所有员工做的梦和企业做的梦一样呢？这个就是阿里巴巴的文化了，文化是非常非常重要的。

我记得我进了阿里巴巴大概三四天之后，有一天是星期六，我、Jack、Joe、John、金建杭、彭蕾，我们六个人在聊天，Jack说："Savio，我们很有文化的，我们公司文化很厉害。"他讲得滔滔不绝，Jack是很会说话的，比我说话好不止一千倍。

那我就问他："我们这么厉害的文化有写下来吗？"

Jack就停下来，想了一下后问我："如何写下来？"之后我们立即把阿里巴巴的文化写了下来，目标是"80、10、1"。"80"是指"成为持续发展80年的企业"，"10"是指"成为世界十大网站之一"，"1"就是指"只要是商人就一定要用的网站"。我们的使命就是"让天下没有难做的生意"，使命很清楚，就是对准我们的目标客户，目标客户是商人。

但是文化也要有价值观的，Jack 说："我们有很多价值观。"金建杭还跑去马云办公室，拿出一沓纸，有几十张。我和彭蕾两个人拿着纸抄，用了差不多一个小时，写满了整个大玻璃白板。我们用了 7 个小时，最后把这些精炼简化为 9 条价值观，这就是有名的"独孤九剑"。

价值观写出来之后，我们用它来支持整个公司的发展，所有人每三个月就要接受一次价值观考核，我们的考核制度是：业绩考核和价值观考核各占 50%。阿里巴巴从 2001 年到现在都是在用这种考核机制，所以我们的文化是很深厚的。

文化的基础是什么呢？最重要的其实是行为。定下标准之后我们就开始发展，下一个发展的目标就是一定要养活自己。2001 年，我们有了少许的收入，在跌跌撞撞中，我们收入了大概 400 万美元，但是烧了 600 万，算下来还欠了 200 万美元。

2001 年年底，我跟马云两个人爬到杭州玉皇山上的一个庙，马云拿了一大包瓜子，我们又每人要了一杯龙井茶，然后就一直剥瓜子,从早上 10 点一直聊到大概晚上 6 点,也没有去逛庙,连那些庙祝都跑来问我们:"要不要吃饭?要不要添茶水?"我们两个很节俭的,每次都说不用,他们就一直来加开水,到最后茶和水都不分了。

我们两个那天就在讨论一个问题:"2002 年,我们的策略是什么?"

那天的聊天其实就是阿里巴巴比较早期的一个策略会议,参与者就我跟马云两个人。最后我们决定了:2002 年我们要"赚一块钱"。这个"赚一块钱"太厉害了,因为所有人都明白"赚一块钱"是什么意思。我一开始和马云说要赚钱,他说:"Savio,你不能出去跟各位同学讲,我们是来赚钱的。"

我说:"不赚钱吗?"

马云说:"Savio,说赚钱的话,你在 GE 动不动就讲一两亿美元。我们这里的小同学,是不明白一亿美元的,你跟他讲 100 万元人民币他都要晕倒了。"那个时候是 2001 年,讲 100 万元确实会让小同学们晕倒。所以最终，我们就决定了"赚一块钱"。

这个"赚一块钱"是在 2002 年 10 月份左右实现的，这让整个阿里巴巴都改变了，因为我们赚了钱就可以做接下来的事情了，那就是淘宝。做淘宝有一个很有趣的情况，马云很早就想做淘宝了，那时候，我们的 B2B 也才刚刚站稳了脚。B2B 的现金流，我们叫作"奶牛"，我们需要拿足够的现金流来支持未来淘宝的发展，所以，2002 年的年末，我们就开始讨论，还记得有一次我们在一家餐厅讨论，有些人拍桌子说："不可以做淘宝，现在的都没有搞好。"最后有一个人就问了："做淘宝是要烧钱的，这钱谁给啊？"马云说："我是疯了，但有人比我更疯。"我说："谁比你还疯？"

他说："孙正义。"正义是 SoftBank（软银集团）的创始人，2000 年的时候给阿里巴巴投资了 2000 万美元。马云立即拿起电话打，对方一接，真的是孙正义。马云对孙正义说："我们准备做淘宝，你喜欢可以参加，你不喜欢，我们也会照做。"然后"啪"的一声挂断了电话。我说："死了，你不跟他讲清楚。"马云说:"Savio,不用,我保证两分钟之内他就会回电话。"果不其然,不到两分钟,孙正义就打电话过来了,问:"要多少钱啊?"

那就解决了,马云告诉他要多少钱,好像是几千万元,然后我们就开始做淘宝,一波一波地进行,直到今天还在继续。

还有一个有趣的故事,我被大家叫作"阿里妈妈",其实我刚到阿里巴巴时,很多人问:"马云是不是不玩了?"我说:"不是啊,他还是我老板啊。"

"那他是主席,你是总裁,你们两个是怎样分工的啊?他是CEO,你是COO,你们是各做各的吗?"

我就回答:"在我们公司,马云是阿里爸爸,Savio是阿里妈妈。"这就是"阿里妈妈"的来源。

为何呢?爸爸是做什么的呢?爸爸让明天更美好。

那妈妈呢？妈妈是让今天有饭吃，天天有饭吃。

谢谢大家！

Q&A 部分

Q：Savio，您跟马云共事，一定会有跟他发生冲突的时候，您会怎么去解决这些问题？最后听谁的？或者您是怎样改变他的想法的？

A：你的问题非常好，就是问我和马云的关系，我们关系很微妙的，那时候我是马云太太的经理，马云太太会跟马云说："Jack，你有什么事不要找我，你找我老板，Savio。"我帮助他们有个间隔，这是一个内幕消息。

同时，很重要的是，冲突是不能避免的，但你的文化，你公司的价值观，你公司的优先级是什么？阿里巴巴的优先级是很清楚的，客户第一，员工第二，投资者第三，所以投资者对阿里巴巴又爱又恨，但我们的理念是："你没有客户，何来价值?"这价值是提供给客户的,但由谁提供?就是由员工来提供,所以这个优先级已经弄清楚了。同学们都很清楚,有冲突发生或争执不下的时候就会问:根据我们的价值观应该如何处理?这又会回到优先级问题,所以我和马云的冲突是很少的,基本上我们都会问:"我们是为谁做事?"

这就是因果的问题,如果你公司的因果清楚,那么后面的事情就会很简单。因是什么?公司的因是让天下没有难做的生意,果是什么?公司的果是如果做得好公司就发展,可能将来会有很多生意,可能上市,可能每个员工都有股份,可能大家都会飞黄腾达。

千万不要因果倒置,如果因是想赚钱,那情况就不一样,冲突就会很难有效地处理,但我们的因不是赚钱,特别是在阿里巴巴,马云不知道他自己有多少钱,虽然大家都知道,他真的很有钱,这只是果,因是我们很努力地去做一件对我们的客户有意义的事情。

（二）无忘初心

——2022 年阿里校友新年峰会发言

大家好，非常开心见到这么多阿里校友，特别是在疫情之下，能有这么多阿里校友聚在一起是件非常难的事情。

每年新年峰会都会让我来讲几句话，我也每次都会问："我们的同学希望听什么呢？"如果有收到一些回复，我的讲话就会更有目的性一些。今年把问题抛出去之后，收到了大概 50 名同学的回复，我把问题大概分了一下类，50% 是关于个人问题的，30% 是关于公司文化的，20% 是关于创业的，我觉得这些都很有意义，值得分享给大家。

首先是个人方面，很多同学在个人方面都有一些困惑，会想："我应该怎么去平衡工作和生活？我该何去何从？我该怎么做选择？怎么实现晋升？怎么去照顾我的前途和家人的前途？"这些问题都是非常有意义的。

其次是公司文化方面，大家有提出疑问："阿里这么多年了，阿里文化是不是已经被很多不同因素影响？我们怎么可以回到初心呢？"

最后是创业方面，关于创业我也有收到各种各样的问题。

有一个创业的女孩子说："我创业之后才发现原来创业真的很辛苦，要付每个人的薪水，每天要担心这个、担心那个，我还不如回去做个高管算了。"这些都是她的肺腑之言。

还有一个阿里同学，有一个新的创业公司看中了他阿里文化的背景，想请他到公司去整理文化，他问我怎么做更好。

三个层面的问题都给了我很深的印象，总结起来就是一个问题：我们的初心是什么？

个人有初心，公司创业也有初心，我想到答案之后，灵感来了，马上拿毛笔出来，写下了"无忘初心"这四个字，送给大家做书签。

总共三个部分，那我从个人层面开始和大家详细探讨一下。

个人层面，我们首先要明白：初心是要知道"我是谁"。我 Savio 是谁？我马云是谁？知道"我是谁"是很关键的。要是不知道你是谁，你就不可以说："我能在这个世界上，在我的生活、我的家人、我的团队、我的公司、我的工作中做出重要的贡献。"

知道"我是谁"是非常关键的一部分，但是更重要的是还要懂得因果，知道了"我是谁"之后，你就知道了自己的初心是什么。很多人的初心是："我想赚钱，我想晋升，我想过得舒服。"这是什么呢？这是果。

因是什么呢？比如你对某一批目标客户做出了贡献，这个贡献就是一个因，你做出了这个贡献之后，得到的晋升，得到的财务自由，得到的选择的自由，这个是果。

千万不要因果倒置，很多人都很直白地说："我想做个百万富翁、千万或是亿万富翁。"但是他们忘了到底要做一些什么增值的事才能有机会得到想要的晋升、财富等等。

这其实是由性格决定的，也是个人的选择。

有一个同学问："Savio，你活得比我们长，你对自己的人生是什么感受啊？"还有一个同学问："Savio，你碰到重要的选择的时候是怎么做的呢？"

我回去想了一下，觉得这个很关键的东西实际上是由性格决定的，它取决于你到底是一个怎样的人。我有一个朋友跟我说："Savio，现在的年轻人什么都吃，就是不吃亏。"你是一个吃亏的人吗？你是一个可以接受吃亏的人吗？你是一个完全不能吃亏的人吗？这是性格方面的问题。

选择也有短期跟长期的区别，短期就是马上要拿到结果，拿到结果就能让你去做出下一个不同的选择。长期是指看得更远不需要马上得到结果，而是可以耐心地等，长期就是要只问耕耘灌溉，不问收成。

这两种不同的情况，在我身上都发生过。当年马云找猎头公司，说要招阿里的COO，那个猎头公司就找上了我，我觉得很有趣，也很愿意加入。我还记得当年Joe跟我们的一个投资人带着合同约我在香港的港丽酒店见面，准备跟我讨论签约条件。那个时候，我就把他们准备的合同拿了过来，也没仔细看，大笔一挥签了递回去。

我记得Joe还问我，说："Savio，你不跟我们谈条件吗？"

我说："谈什么条件，我很愿意加入阿里，你们肯定是公平公正的人。"

就这样，我也没仔细看合同，也没谈条件就签好了，结果看了一眼薪水，减了95%以上，但阿里给了我一个其他回报，是阿里股票。

这个签约绝对是我人生中做得最好的决定。因为我没有追求短期的回报,没有说:"我以前拿的是 100 万美元的薪水,为什么现在连 10 万都不到?"这个我没有问,也从来没有提,这是我的性格决定的,我知道这个就是短期跟长期的一个区别。

前面说到,很多人有提问,说:"我们怎样能平衡好生活跟工作?"这个也是个人的选择。当然你肯定要照顾好家人,也要照顾好你事业上的要求,但是在压力之下,如果你没有发挥出最应该发挥的东西——创意,就不能把平衡做好,你会拼命地想两个都做,结果两个都做不好。当你需要平衡压力的时候,千万要记得去找创意。

这个我在伦敦商学院领受过了,当年老师故意给我们很多案例,一个案例大概 100 多页,高峰期的时候一下子给我们 7 个案例,让我们一个晚上看完,这基本上是不可能的,后来我想到一个创意,就是挑我喜欢的案例,其他的都不管。老师要是第二天讲我喜欢的那个案例,我就冲到前面举手参与,要是讲的不是我看过的案例，我就躲在后面听，也不会坐前面参与。

但是我后来看到有一批固定的同学每天都站在前面参与，六七个人，每人手上拿着一张纸，他们对每个案例都能对答如流。我就觉得很奇怪，他们怎么可以把 7 个案例都看得这么清楚呢？后来知道原来他们做"团购"，他们六七个人一起来读案例，每人分一个，自己花三四个小时看完选择的那个案例之后，所有人再聚在一起用一个小时来做分享，每个人会拿着一张纸把其他人分享的案例要点都记下来。

这个是什么？这个就是创意。

所以当我们碰到压力，特别是家庭跟工作上面的压力的时候，要做什么呢？不要硬拼，首先要有个人的选择，还要有创意，这个答案希望可以帮助到问关于平衡问题的同学。

有人问："我的梦想是什么？我的价值是什么？我的风格是什么？"也有很多人问："我怎么晋升？"晋升是因为你有价

值，不是因为你努力。你会赢在什么？赢在你有价值，不是赢在你努力。努力是所有人都可以做的，但是如果你有创意，你能做出别人想不到的事情，当然你就是有价值、有风格的人。

个人方面还有一点内容，很多阿里人通过努力拿到了选择的自由，拿到了一笔财富，但是我希望大家都知道，这笔财富是可以传给下一代的，但是注意是传承，不是继承。传承就要告诉你的第二代，爸爸妈妈怎么辛苦，在阿里经过了多少奋斗才拿到这些财富来支持我们孩子的选择自由。千万不要让孩子问："爸爸妈妈，我知道你们很有钱，但是你们死了之后留多少钱给我？"这个不是传承，这个是继承。

最后再花几分钟讲一下公司文化和创业。创业跟公司文化是分不开的，刚才有一个说创业很累的女同学，她说："我不如回去做个高管，舒舒服服过日子。"为什么会有这个想法？关键是你有多上心，你有多希望去创业，你有多相信你创业做出来的东西是为别人好的！

所以创业，一定要有清晰的认识：你为谁提供价值？提供了什么价值？

一定要想办法把这个问题的答案写在你的公司使命里，阿里很厉害，马云很早就想清楚了，阿里的使命就是让天下没有难做的生意。2001年我问他这句话的时候，他想也不想，半秒钟之内就讲出来了。阿里很清楚，我们就是为生意人提供价值，我们就是要让天下没有难做的生意，无论他做什么生意，是C2C（个人对个人）、B2C（企业对个人）、B2B，还是投资，我们都可以提供价值。

希望我们创业的同学也能知道这个，要是没有，我们可以在某一天开个班跟大家一起来讨论一下，然后把自己创业的使命提炼出来，这个是很必要的，如果没有使命就没有办法统一你创业过程中带领的团队。

关于创业另外一个很关键的就是你的策略和领袖力。

策略是什么？很多人都误解了策略，关于策略100个商学院可能会有1000种不同的讲法，但是实际上策略很关键的是要知道怎么去赢！注意，不是怎么去做！

我过去十几年跟几百家创业公司打过交道，给过他们辅导，发现了一件很重要的事情：很多人懂得做，但是不懂得赢。好多阿里人刚刚开始创业，发现很快就可以让公司运作起来，因为他很懂阿里的那一套。这是好事，但是这也是一件危险的事，为什么？因为我们去做等于我们去赢吗？赢很关键，但是要问什么是赢，问我们这个创业公司今天这个阶段什么是赢，是收支平衡吗？要是收支平衡是赢，我们怎么去达到收支平衡？如果达到收支平衡那一点就赢了，那马上就问下一步怎么办，下一步肯定是规模化，那怎样规模化才是赢呢？要达到怎样的规模化呢？在哪个市场的份额上面拿到规模化才是赢呢？像阿里这样一步步过来，各位创业的同学也应该很明白了。

但是怎么去赢呢？很关键的一件事就是你要先懂得赢的策略再去做。

很多人不懂得赢的策略就去做，最后发现自己只有做，没有赢。《孙子兵法》两千多年前已经讲过："胜兵先胜而后求战，败兵先战而后求胜。"能打胜仗的军队是要懂得怎么赢才去打的，打了败仗的军队通常都是不懂得怎么赢就去打了，这就是一个懂得赢，一个懂得做的区别，也是希望各位同学关注的策略。

最后希望各位同学关注一下领袖力，领袖力是什么呢？

很多人问我："Savio，你搞了几十年的管理，做了几十年的领袖，也经历了各个不同的公司，最后把阿里这么小的一个公司做到现在这么大，你的感受是什么？"

其实让下面的人跟着你，你能通过他们拿到卓越的成果，这就是领袖力了。

让下面的人跟着你，意思是一个下面都没人跟着的人，何谈领袖呢？作为一个领袖，你什么都自己去做是不行的，因为要是这样，局限于自己就是一个瓶颈，领袖是能通过别人拿结果的领袖，成了领袖就说明你现在要做的事跟你以前一个人打天下时做的事已经不一样了。

马云是很好的例子,马云是我们的头儿,我们都死心塌地为他的使命去打拼,虽然他可能在每件事情上面的能力都比不上他的部下,但是他能让大家跟着他,通过我们拿到卓越的成果,这就是他的领袖力了。

所以各位创业的同学,希望你们记住三点:一个就是你的初心。你的初心要能写下来,变成一个使命,由此知道你能给谁带来什么价值。

另外一个,就是你的策略,但要记住策略是怎么赢,不是怎么做。

最后是领袖力,要让员工跟着你,你通过他们拿到卓越的成果,而不是通过你自己做。

谢谢大家!

（三）不要浪费一场危机

——2022 年 10 月 28 日大中华区 HRVP

高峰论坛主题分享

谢谢各位同学，非常高兴见到大家，我是 Savio。我今天在（德国）汉堡，通过互联网来和大家分享一个话题——不要浪费任何一场危机。

当我拿到这个题目的时候，我心中有很多感慨。我们现在也会面对各种各样的挑战，每一个挑战都有危险，但是每一个危险中都有机会。很多时候，我们遇到危险时自然的反应就是——走、打、呆，要么就走，要么就是打，要么就是呆着。这是在几亿年的进化中形成的，这三个都不一定是最好的反应，所以我今天想给大家分享一下，如何才能不浪费任何一场危机。

我们面对危机，要有个围绕基础——不要用"自然反应"。

面对"危"，要明白我们面对的危险是什么。这个问题听上去很简单，但实际做起来是比较困难的。因为我们遇到危险时的自然反应就是走、打、呆。这是因为，以前，适应环境的人才可以活下来。要是有老虎、狮子或者其他动物想来吃我们，我们当然会是这样的反应。这是自然进化的结果。

但是，你的企业在面对"危"时首先要考虑的是"不要死，要果断的行为"。"不要死"就是说，你的企业如果"死了"，就什么都没有了。"果断的行为"就是说，做事情要思路清晰，要快、要狠、要准。

关于"死"，苏东坡有两句词："休言万事转头空，未转头时皆梦。"不少人引用，他们会说，"哎呀，算了算了就不再搞了"，这个是最危险的，这个时候，肯定是比较虚弱，一个不小心，你可能就不干了，就会在这个地方放弃。但是放弃之后要再起来是非常非常难的。这是一个方面，不要轻易放弃。

另外一个方面呢，就如《孙子兵法》所言："故善战者，立于不败之地，而不失敌之败也。"能带兵打仗的人，通常都是先"不败"，因为你不败的话，只要有一个敌人败的机会，你就可以拿下他了。所以先"立于不败之地"，就是先要把这个输的门关起来，然后呢，再找机会去赢。这个是听上去很简单的道理，但实际上是非常重要的一种思维。

要有果断的行为，果断的行为最关键的是要有策略。你可能会问："什么危机反应都要有策略？"——是的！但反应不是策略。策略是什么呢？策略是如何去赢。要问："我怎么可以不死呢？我要做些什么事？什么重要，什么不重要？"

很多人把"赢"和"做"混在一起，是没策略的。《孙子兵法》说："胜兵先胜而后求战，败兵先战而后求胜。"打胜仗的兵，通常都是知道怎么赢才去打的。打败仗的兵呢？通常都是不管什么情况先打再说，所以"做"跟"赢"是两回事。很多人习惯于先"做"，一碰上事情就先去做了。我们很多同学，从各种各样的大公司出来，学到很多招数，这些招数，就变成了他们"打"的一个行为了，所以不管碰到什么事情，反应都是马上就去"打"，但是没有问："什么是赢，如何赢？在我们这个情况之下，怎么样才能赢？"这个是很有趣的。

我们找到了赢的策略以后，要做这个事情的话，就要争分夺秒，不能等。也就是想通了之后，就一定要马上去做——要快、要狠、要准。

拿我比较熟悉的案例——阿里巴巴当年的案例来说：

我2000年12月加入阿里巴巴，那时候马云就跟我说，"Savio，我们还有很多钱"，我问有多少钱，他说有1000万，然后还强调了一下是美元。1000万美元在2000年的时候是很多钱，可是蔡崇信说："我们还在烧钱呢。"蔡崇信是当时的CFO，现在是执行副主席。我当时从来没听过"烧钱"这个说法，就问蔡崇信"烧钱是什么？"，他很幽默地说："烧钱，就是很优雅地说你不赚钱。"因为当时我在GE工作，以前GE只是问赚钱率，没有听说过烧钱率，所以我就问："是这样子吗？""烧多少？"他说："每个月差不多200万。"我说："200万不多啊。"我以为是200万元人民币，但是蔡崇信强调了一句"是美元"。那不得了，1000万美元在手，每个月烧200万美元的话，5个月就没命了。况且投资人不会让你烧5个月，看到你只烧钱，一两个月没什么反应，没什么好的方向的话，他们就会把投资撤回。我们还没有商业模式，当然不赚钱只能烧钱，这是很要命的。

没有商业模式怎么办？这是一个危机。后来我们三个人开了一个策略会议。这个策略会议开了半个小时，说的第一句话就是"坚持到底就是胜利"。当时我们说的英文就是 last man standing，在西部牛仔片里，角色向对方开枪，一直朝着对方打，到最后还站着，虽然中了枪但是没死，就是赢了。所以咱坚持到底就是胜利。然后，马云说了一句很重要的话——我们要做三个 B to C。我们当年是做 B to B 的，怎么做 B to C 呢？我们的 B to C 里，第一个就是回到中国，back to China。第二个是回到沿海，back to coast，中国这么大，哪里是我们的重点呢？其实沿海才是我们的重点，因为其他地方的人，没有这方面的概念，沿海地区的人走在前面，所以重点放在沿海。还有第三个 B to C 是 back to center，就是回到中央，中央是什么呢？当时马云每天在飞机上，蔡崇信住在香港，我们的 CTO 吴炯住在硅谷。我刚加入的时候，选择跟大家一起在杭州，所以杭州最后就变成了中央。

这三个 B to C 是非常关键的，这些确定了，就是要停止烧钱，坚持到底，但是要快。所以就有"杀人放火 30 天"，我是负责人，因为我是新来的，所以我没有任何包袱，我们把 360 多名员工，减少到 150 名，用了不到 30 天，到处"杀人放火"，从中国香港、美国硅谷，到欧洲、东南亚、韩国这些地方的员工基本上都裁掉了，到最后就回到了中国内地。360 名员工减到 150 名，做这件事花了 100 万美元，实际上只用了 27 天，然后呢，我们的"烧钱率"马上就降到每个月 50 万美元，所以 900 万美元就可以烧 18 个月。

我们面对这一个"危"，争取到的机会是什么呢？是 18 个月的时间，这 18 个月的时间非常宝贵，我们 150 人都知道我们只有 18 个月的命，但是我们就可以用这段时间去寻找我们的商业模式等等，最后我们真的是在 18 个月之内，做到了收支平衡。

所以在这段争分夺秒的时间里，我们面对"危"，寻找到了一个机会。阿里巴巴抓住这个机会，做了一系列动作。我们通过各种各样的努力，通过大家的奋斗和一个个分享，把这个机会把握住了，我们就是为了帮助出口型中小企的老板，帮他们做出口，当时就是追上了出口的一个大潮流，从零开始，做得很快，没几年就做到了10亿美元的生意。但是头18个月就做到了收支平衡，这是非常重要的一件事。

所以，面对"危"，处理"危"以后，当然是寻找"机"。

机会到处都有，最关键的，是我们需要找到初心，初心就是"你为谁做什么"。阿里巴巴的初心，就是让天下没有难做的生意。我们的目标客户是做生意的人，要让他们做生意更容易、更方便，这样的话，他们才会对我们不离不弃。

但是很多公司没有把这个初心写清楚，你能给你的目标客户带来什么，一定要写得很清楚，这个在文化上来讲，就是你的mission，你的使命，阿里巴巴的使命是"让天下没有难做的生意"，其他的公司都有自己的使命，要是你能一句话把它讲清楚，那就非常容易办。你要做的事情没变，但你的方式有没有需要改变的？比如说你（实现）初心的方式，是用物联网，要是将来物联网不行了，出了一个"蜘蛛网"，你还要用物联网吗？对不起了，新的网是"蜘蛛网"，你就要去做"蜘蛛网"了，所以，现行的方式已经不行了的话，你就要改变。但是不要改变初心，要改变你使用的方法，不要墨守成规。

有些人用同样的方法已经做了十几年，还在继续用这个方法做。有一句很简单的话：把你从 a 带到 b 的方法，不一定能把你从 b 带到 c。这个通常都是对的，因为从 a 到 b 的方法，过去一段时间是有效的，现在从 b 到 c，就不一定有效。有时候，很慢很慢地改变也是危机，你用温水煮青蛙，到最后青蛙煮熟了，你还是不知道改变，这个是非常危险的。

如果现行的方式还行，那么机会在哪里呢？我要给大家分享一个阿里巴巴在非典期间，也就是 2003 年的故事，我们大家都知道非典，非典 2002 年年底已经在广东开始了，那个时候，我们已经听到了要吃板蓝根，要戴口罩等各种各样的事。但是广交会我们还要去，因为我们不想丢失接触各种买家的机会，我们还要把客户的很多咨询和产品带到广交会去，在广交会上给他们推广，但是那个时候，非典"如火如荼"，影响非常之大。大家都在抗击非典，马云戴着口罩，我们所有的人都戴着口罩去上班。但是最后，还是有一例疑似非典，我们的一位带队去广交会的同事回来后，感冒不轻，所以有点担心，最后被关到隔离医院里去了。安全起见，我们整个总部的600号人，都被关起来，在家隔离。我们有两个同事，每天三顿饭都是有人送来的，另外，工作人员每天都会进来消毒两次，所以非常紧张。

我们被关在家里隔离了两个星期。这期间有没有联系呢？很少联系，我记得只有6个小时的联系，有些同学跟我说要从公司拿点钱，我问拿多少钱，他说2000块，我又问拿2000块干吗，他说拿2000块准备回家，到家里工作，要买带宽、机器，还有各种各样的东西。很多同学都是自发的，他们都在问我："Savio，我们在家工作，我需要这个东西，500块，能否在公司拿点钱？"600号人，很多都跟我要这些钱，拿了几十万元人民币,当年几十万元人民币对我们来讲是非常非常多的。但是最后证明,这还是很关键的,因为6个小时的联系,我们所有的人都准备好了。

我们工程部的同学,把所有联系公司的电话都放到了我们的网上,所有的同学,600号人,都在家里工作,都可以通过手机或者家里的电话,来继续为客户服务。在被关起来的两周时间里,没有总指挥,我被关起来了,马云也被关起来了,所有的人都被关起来了。那么马云做什么呢?他天天打电话到医院去,保证医院不会把我们的姑娘跟其他疑似非典的人关在一个病房,要给她单独的病房,因为不想她有感染的危险,等等。

没有总指挥,所有的同事在做什么?他们都在为客户服务,每天接听电话,接电话的时候会说:"阿里巴巴,你好。"我们说这个是天使般的声音。然后呢,就开始在电话里为客户服务。我做什么呢?我每天拿着一大堆电话号码打电话,每天打一两百个、两三百个,打了两个礼拜,给大家打气。每一次打到他们的电话,他们都说:"阿里巴巴,你好。"我说:"我是Savio。"大家说:"好啊,Savio,我们在为客户服务,等等。"

有一天，我打电话到一个女同事的家里，结果听电话的不是天使般的声音，而是一个男低音，说："阿里巴巴，你好。"我说："你是谁呀？"他说："先生，我是阿里巴巴的员工，我能为你服务吗？"我犹豫了，他就说："你是不是碰到了什么问题，请马上告诉我。"还解释说，如果碰到这个问题，可以这样做，碰到那个问题，可以那样做。如数家珍，非常熟悉，然后我说我是Savio，他说："哦，Savio，她和妈妈在另外一个房间上网，为另外一个客户解决问题。"这个是爸爸，他们家里多了两个人工作，妈妈帮她上网，去解决另外一个客户的问题，爸爸就接电话。我可以告诉你，我非常感动，差一点哭了，我记得这个感觉。

我们遇到了非典这个危机，正是因为所有同学的努力，非典才成了我们商业模式规模化的"东风"，记得当年我们找到了一个规模化的机会，可还没有规模化，所以当时是B2B，为中小企老板做出口，但是因为有非典，中小企老板没人敢出去，所以都通过上网来做生意。

这个刚好是我们的"东风"，但是因为我们被隔离了，很容易错过这个"东风",为什么没错过呢?我事后问所有的同学:"为什么大家可以自发地做这么多的事情?"大家都很清楚地告诉我:"Savio,很简单的,因为我们的价值观是客户第一呀,我们可以被关起来,但是给客户的服务是不能中断的。"所以,在家工作的模式,救了公司,捕捉了倍增的客户访问量跟现金流,我记得当时的客户访问量增了7倍,现金流增了5倍。大家可以都放假,没人指挥,没人从公司拿钱,也没人做这么多的工作,但是这种情况没有发生。每个同学都有一个价值观,这个价值观是客户第一,每个人都自发地团结了其他人,继续为客户服务,结果就救了公司。这个是非典时期我亲身经历的一个故事。

如果先行方式不行,机会在哪里呢?最近有一个故事,是关于Covid-19(新冠肺炎)的。阿里巴巴在香港有一个初创的基金。香港的很多年轻人讨论,为什么香港没有像阿里巴巴这样的公司,大家七嘴八舌地说了很多,最后给马云的说法很简单:"因为没有钱支持。"所以马云就在阿里巴巴搞了一个初创基金,投入10亿港元去支持初创的项目。最后我们投了好几十个项目,香港的很多初创项目都是从那个时候开始的,其中也有成功的，我们支持了好几个独角兽。

接下来我要讲的这家公司，开始的时候不是一个独角兽，但是因为它看到一个机会，虽然这个机会跟它的初心不一样，但它马上就抓住了，所以发展得很快。它本来有一个原定的商业模式，是针对别的目标客户，但是因为看到这个疫情带来的机会，它马上改变了原定的商业模式。它原定的商业模式是利用基因检测的功能，提供膳食咨询服务。每个人吃什么东西，怎么消化，对身体有什么影响，是由基因决定的，它通过基因检测和分析来给客户提供膳食建议，给每一个人量身定制膳食咨询服务，所以他本来的目标客户是大众。

但是原来的商业模式与改变后的模式，完全是不一样的，这家公司的创始人认为反正基因检测的能力他们都具备了，PCR[①]的检测基本上是一样的，所以看到机会后就马上变阵，提供这些 PCR 的检测，满足了巨大的需求。

---

① PCR 是聚合酶链反应（Polymerase Chain Reaction）的简称。它是一种用于扩增特定 DNA 片段的分子生物学技术，可视为特殊的 DNA 体外复制。通过 DNA 基因追踪系统，可以快速掌握患者体内的病毒含量，精度高达纳米级。

在香港，我们基本上每天都在做这件事，所以马上就水到渠成了。它当然不是唯一的，可它是最早能提供这种检测的一个重要的公司，很快就做到了每年10亿元以上的销售额，收入和利润的高速增长，让这家公司用了不到18个月就已经成为一个独角兽，现在还在继续做这件事，非常有趣。

对这家公司来讲危险变成了一个很大的机会，相关的案例有很多。比如说，对于做餐厅的企业，疫情期间，有很多时间和人数的限制，顾客不能来吃饭，所以很多餐厅马上就做起了外卖，这样的话，它们也能生存下去，送外卖的行业也会蓬勃发展。

所以每一个危险中都是有机会的，但你要"变"，不变的话，就没有办法去争取这些机会。

以上有好几个要点，首先是策略。策略是什么？策略就是怎么去赢，而不是怎么去做。千万不要把"做"跟"赢"混在一起，怎么"赢"是非常关键的，如果不懂得"赢"而只是天天在"做"，很多时候就会在原地打转，虽然很忙很忙，但是结果好像没有进展,就是因为你没有搞好策略。

另外一个是领袖力。领袖力是什么?领袖力就是让所有的人都知道你在做什么并通过他们去拿到这个结果的本领。简而言之,领袖力就是让他们跟着你,通过他们拿到更卓越的成果的能力。不是你去做,是他们去做,他们去做的话,肯定你要支持他们。他们去做什么呢?怎么才可以赢呢?你不告诉他们的话,他们是不知道的,这个是很关键的。所以老板、主管,现在的工作跟以前做专家的工作是不一样的,老板、主管各有千秋,各有各的厉害之处,各有各的背景,有些人很懂得销售,有些人很懂得生产,有些人很懂得产品,有些人很懂得财务,有些人很懂各种各样的东西,但是去领导一个公司的话,就不能套用以前自己去做的那一套,因为做的工作是不一样的。要给策略,要让大家跟着你,通过这个策略,知道做什么才会"赢"。然后呢,培训他们、支持他们、给他们机会,让他们做得比你去做更好。这个就是很关键的。

要做好这件事,公司文化非常重要,公司文化不是一个道德观念,公司文化是一个游戏规则,游戏规则是什么?就是行为。

所以"客户第一"是一个行为,不是一个道德观念,"客户第一、员工第二、投资者第三",这个就是我们的游戏规则,因为没有客户就没有公司,所以客户要去买你提供的东西,就是你的价值主张。是谁给他们提供呢?就是员工给他们提供,所以员工第二。而投资人把钱给你,支持你,让你去把这个资源进行分配,来满足客户的要求,让你的公司生意蒸蒸日上,欣欣向荣。这个就是做老板需要做的事情。所以你看因为文化,因为有"客户第一"的价值观,我们可以被隔离,但是我们给客户的服务没有中断,这就是一个关于公司文化非常清晰的案例。

当然,有了这些文化,"蛮打"也是不行的,要有系统、要有方法、要有培训。培训是发展的不二法门,培训就是练兵,不练兵的话,他们怎么懂得如何"打"呢?你不让他们知道"打"的时候用什么工具,用什么方法,他们的战斗力是不会提高的。而没有系统的话,你就得天天跟着他们,你的效率就会很低。有系统提高效率,有方法提高效率,然后,也要有一些培训来提高他们的工作效率,这样的话,你才可以度过危机,才可以发展。

还有，不要盲目做出反应，盲目的反应"走、打、呆"很容易，但是这样的话，很可能你的公司死掉了都不知道是什么原因，要静观其变，你在做的时候，要知道怎么去看，静观其变是很关键的。

这几个要点都分享给大家，每个要点都可以成为一个很大的题目，但是今天只有这么短的时间，所以就给大家分享其中一个。

今天主要和大家讲一下领袖力。

很多同学都会说："老子是来做业绩的，人的事就交给 HR。"这种说法是没前途的，因为实际上我们做管理的人，从最前线的主管，一直到最高层的老板，都是需要通过别人拿结果的，都自己做的话，我们就变成了公司或这个部门、这个团队最大的瓶颈。我们不能都是自己做，而是要通过别人去做，但是要让他们做得比我们自己做得更好，这样的话就必须要有一些技巧，这个技巧 HR 的同学是可以帮助我们去做的，但是你不能说"老子是来拿业绩的，我只管业绩，除了业绩我都不管,其他的事交给 HR"这样的话,这是最危险的说法,因为老板应该是最大的,对人的关注是最多的,老板应该是最大的 HR。通过别人拿结果是非常关键的,通过别人拿结果是你现在的工作,跟以前的工作完全不一样。

当然了,更高的层次就是所有人都抢着帮你做,阿里巴巴非典期间的故事,就是所有人"抢着帮你做",但不是抢着帮马云做,是帮谁做?是帮客户做。谁在上面做总指挥?当年,我的结论就是客户在做总指挥,客户的需求决定了我们要做什么,所以所有的人"抢着帮你做",实际上是所有的人抢着帮客户做,这样的话,我们就会成功。

在这次会议开始前,我听大家都在讨论非常重要的事,说要开放、要听到所有人的声音、要包容、要让所有人提供他们的价值、所有人抢着帮你做,这个就是包容了。不包容的话,你只有一个办法就是老的办法,这样你就不可能让所有人抢着帮你做,有些时候你就会错过很多很好的点子、很好的方法,而且有很多时候你是看不到的。为什么呢?现在的风浪越来越大,变化越来越大,所以你需要 diverse,这个 diverse 就是包容,要有男性、女性、黑种人、白种人……各种各样不同背景、不同种族的人都可以去帮你做事,这样的话你才可以看到全貌,所以这个是一个很大的题目,我听到大家的讨论时,是非常有感触的。

做一个小结——拥抱变化,因为唯一不变的就是变化,这个也是阿里文化中的一个要素,价值观"六脉神剑"其中的一剑就是"拥抱变化"。唯一不变的就是变化,为什么?

我们开始的时候是"见山是山,见水也是水",那很简单。但后来发现,见山不是山,见水也不一定是水,这个就复杂了——见山不是山,见水不是水,有很多变化。那怎么办?当你搞了一大堆,到最后,见山还是山,见水还是水,但是境界和样貌已经完全不一样了,这个是非常有趣的。

最后给大家分享一首苏轼的诗:

> 庐山烟雨浙江潮,未至千般恨不消。
> 到得还来别无事,庐山烟雨浙江潮。

我对这个是非常有感触的，这么多烟雨，这么多潮，开头的时候是非常大的，我们搞不定的话就"恨不消"，但是到最后，都"到得还来别无事"，还是那些烟雨，还是那些潮。

谢谢大家！

Q&A 部分

Q：关先生您好，我很激动，能够听到您这么宝贵的演讲。我想问一个问题：如果一个公司的规模在150人左右，做组织策略、组织诊断需要注意哪些？请您分享一下可以吗？

A：先来谈策略，做策略之前要明确你公司的使命，你公司的目标客户是谁？你给他们解决什么问题？要是这个不清楚的话，那后面的事情全都不清楚，所以这个是第一位的。首先要用一句话总结出你的使命，比如：让天下没有难做的生意，让所有的流量都很精彩，等等。我们把这个好东西带到世界上来，是为谁解决什么问题，这个是很关键的。

解决这些问题，是很长远的，每年、每一段时间都要有一个策略。比如阿里，当年做 B2B，就是把做出口的老板，跟做进口的公司连在一起，我们提供一个物联网平台，让大家互相了解。关于这个，我就问："我们需要什么样的方法、什么样的组织去做这件事？"当年我说我们要用直销，马云反应非常大，他说："Savio，我们是互联网公司，你说要去找这些老板直销？"我说"是"，为什么？因为我们做过一些研究，90% 以上的中小企老板是不上网的，我们必须用这个方法。把国际市场搞定了之后，我们发现原来还有一个市场，就是国内市场，国内市场就是国内的老板跟老板之间的交易，所以我们就用电话销售，不用上门了，而且价格又比较低。组织的策略模式是非常重要的，因为组织是一个"阵"，是"变阵"。要打仗的话，就要有三军，但是哪一军是重要的？如果是陆战，就是陆军重要，那么陆军就要占比大，如果要打空战，空军就要更厉害，这是不一样的。我不晓得有没有回答你的问题。

Q：关老师你好，我们公司是一家房产中介公司，现在规模大概是在 6000 人左右，主要是在经营国内的市场。现在我们碰到一个很大的难题，跟关先生之前讲到的阿里在很早之前碰到的难题是一样的,我们是一家经营了 33 年的公司,由于市场状况不佳,公司现在一直处于亏损状态,就是没有办法找到一种很好的盈利模式,在今年疫情的影响下,整个公司其实一直处于下滑状态,我相信很多公司都面临着这个问题,特别是像我们这种人数多的。所以我想听一下关先生给我们的一些建议,比如在这样的情况下,我们要不要断臂求生,或者需要采取一些什么样的策略,才能够让公司真的活下来?

A:这是一个非常关键的问题,当年我们面对的也是同样的问题,就是说你要是一直什么都不做的话,大家就会"一起死",你要采取行动的话,就要问在什么地方你最能生存。当年也有其他公司,也是以中国市场为主的,但是它们做了另外一些事,它们是去做组织上的改变,它们非常单纯地看到了一些情况,外国人称之为 head count,就是"人头数",我们当时有四五个竞争对手,都是做差不多的事。当时有一家公司,这家公司在国内有好几千人,但是它的总部在加州,那里有几百人,都是老外,他们认为,老外就几百人,中国的员工有好几千人,所以就按"人头数"把中国的员工减掉,我记得他们把中国员工减到了 700 人,但是呢,这 700 人的成本加起来，都比不上在加州的二三十个人的成本，所以他们砍错了，应该是去砍在美国的四五十个工程师，他们每个人的成本是每年十几万美元，国内每个人的成本是一个月 2000 块人民币。所以，成本不光是人，成本是钱，要看钱花在了哪里，给你提供了什么东西。一定要有策略，不能转身乱砍，如果一刀砍下去砍错了，已经"自杀"了，是不行的。一定要问"我们的成本在哪里？"，我们的有些成本可能不在人，而是在我们工作的方法，每一个环节都看清楚，才能知道我们要做什么。

当时我们做三个 B to C，回到中国、回到沿海、回到中央。首先把中国大陆以外的全都减掉了，人数就少了，需要有人的话就留一两个人，所以到最后，加州几十人就剩下一个女生和一个工程师去把服务器照顾好，欧洲就剩下一个人，韩国几十人都裁掉了，东南亚所有的人都裁掉了，中国香港只剩下五六个人，把大的办事处搬到了一个小地方，武汉、大连等地的员工也全部裁掉，这个是非常关键的。

不能盲目，而是一定要问我们的成本在哪里？成本有时候在人，有时候不一定在人，我不晓得有没有回答你的问题。

Q：你好关老师，我想请教一下，企业的使命是怎么诞生的？是基于创业者，基于团队当前或未来可能的能力，还是基于个人情怀呢？一个创业者有了某个使命之后，怎样和员工同频呢？比如，阿里巴巴的使命是"让天下没有难做的生意"，员工可能觉得"让天下没有难做的生意"这件事对自己来说，好像关系不是那么重大，所以我想请教关先生，在这一点上怎么去做？

A：这个是非常重要的，我可以告诉你当年阿里巴巴是怎么做的，我记得很清楚，2001年1月13日是星期六，我跟马云、蔡崇信、吴炯、彭蕾，还有金建杭——除了我和吴总，他们都是创始人——在马云的办公室外，马云在滔滔不绝地讲我们的文化多么厉害等等，我就问他，我们这个文化这么厉害，有没有写下来。他就停了半天，说，没写下来，他问："怎么写下来？"我说："目标、使命、价值观三件事。"目标就是多大、多远、多长、多高，50年、100年之后你想做什么，使命就是你为谁带来价值，这个是最关键的，你的公司为谁带来价值，就是你挑了一个什么样的问题去解决，有这些问题的人，就是你的目标客户了。这个很多人都不明白，他们想，阿里巴巴的使命是"让天下没有难做的生意",那我们也搞一个使命出来,错了,你要想清楚,挑一个你们公司能解决的问题,那么有这个问题的受众,就是你的目标客户,你为他们带来价值主张。然后还有价值观,价值观就是几句话、几个要点,这些最后都是行为。

阿里巴巴的目标也很快就定下来了,就是"80、10跟1",我说:"什么是'80、10跟1'?"马云说:"'80'就是发展80年,'10'是世界十大网站之一,'1'是只要是商人就一定要用阿里巴巴。"这个就点题了,我们的受众、目标客户就是商人,使命呢,就是让天下没有难做的生意,只用了几秒钟,我就把这个记下来了。我又问:"价值观呢?"金建杭就拿了一沓纸出来,有不止五六十张,我说:"怎么这么多,价值观一定要变成行为,不然的话就没有办法做的,只是看谁辛苦,看谁的嗓门大,谁说得好听,都是没有用的,所以行为一定是一个游戏规则。"

所以我就把这沓纸,分了一半给彭蕾,马云办公室的外面有一个玻璃白板,我和彭蕾在上面把马云讲过的所有跟价值观有关的、跟我们的文化有关的，都写在了这个玻璃白板上。之后我就问马云："这两个是不是一样的？""这个跟这个哪个重要？"等等。到最后我们花了7个小时，直到所有人的脑袋里都是"一团糨糊"，拿出了9条价值观，所以当年我们就称之为"独孤九剑"。这样，"独孤九剑"就变成了我们的第一版价值观。后来又变成了"六脉神剑"，还有"新六脉神剑"，这些都是过程，也许过程不重要，但是这些价值观转化为行为，去支持我们实现"让天下没有难做的生意"，这个是关键。

我帮了很多初创公司做这件事，不简单的就是帮他们理清"给谁解决什么问题""提供什么价值主张"，拿出来一句话就是使命。要多大、多远、多长、多高就是愿景目标。然后呢，价值观就是具体行为，五六个重点就够了。阿里六脉神剑"客户第一""唯一不变的是变化""因为信任所以简单""今天最好的表现是明天最低的要求""此时此刻非我莫属""快乐工作，认真生活"就是6个，基本上谁听了之后，5分钟就懂了，但是里面的行为并不好懂。彭蕾花了3个月的时间，把价值观里的行为分了好几层，行为是可以量化的，不量化的话，就都是废话。比如说我们要包容，什么是包容？对于我们来说，就是女生跟男生要平等。什么是平等？50%女生，50%男生吗？这类的问题，如果没有行为，没有数据的话，是不能解释清楚的，所以我们讲方法、讲系统等等。

关于量化，阿里用的是这个方法：在考核体系中，价值观占50%，业绩占50%。这个方法我没见任何公司用过，连GE都不敢做，阿里就这样做了，做了20多年了，从2001年4月开始做到今天。我不晓得有没有回答你的问题。